我願，將你們放在心口最溫柔的位置

願我如花，
綻放於你心

目錄

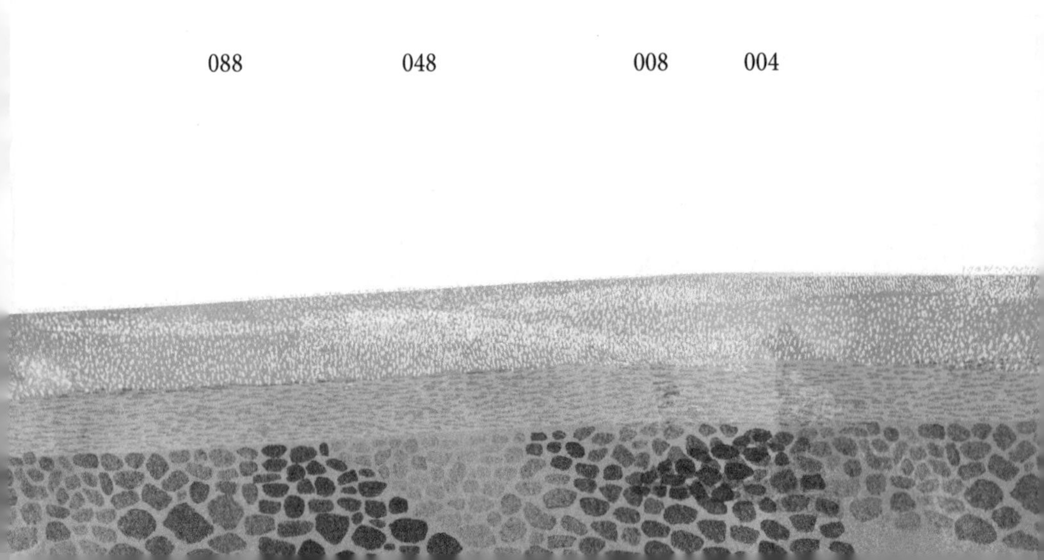

出版序

傾聽「樹」的歌唱

真如

在靜謐的樹林中，抬頭仰望著一棵棵樹，適時正有清風徐徐拂來，似乎所有的樹葉都在沙沙振響，那一刻的心湖明靜而柔軟，好像要對藍天輕語著什麼……。

陽光，正把它的熱情和光明，透過葉子灑下來，每一片葉子的形狀、葉脈、都在碧藍的陪襯下清晰呈現。我不禁常常驚歎是怎樣的神秘之手，雕刻了這精彩紛呈的美麗。每一棵樹都那般風姿獨具，幾多蓬勃，幾許可人。可是它們在大片的森林裡，有幾人能走近欣賞觀看，那每一片樹葉在風中、雨中，繁華與凋零，陽光月下怒吼與淺唱。看那楓樹，在北國寒意漸濃之時，正是它們盡顯生命的璀璨之際。每每值此，欲將珍貴美景寄與天下人共享。

每個人生命中，最細緻、最燦爛的那個部份，也許只有他自己，或是跟他親近的人才知道。他們，就像一棵樹，蒼勁地散發堅強的氣息。他們在受傷之後，森林悄悄收藏了他們的哀哭與無奈，他們努力地尋覓著生存的堅韌之力，經歷多少頑強的內心之戰，終於小心翼翼地把傷痕復原，從再次地枝繁葉茂到令人驚歎！他們迎接了生命的大風暴，在幾度摧殘中毅然璀璨綻放！像一棵樹般，他們謙虛地對整個森林釋放著愛與奉獻的信息，以個體生命的強悍溫熱著整體。

一棵桂花樹的淡淡清香，也許會觸碰到你靈魂深處的甜美的寧靜。

究竟，他們曾經歷怎樣的風霜雨雪？那美麗的深藏於年輪中的精彩記憶，在何樣的陽光下開始優美昇華？在怎樣的鏡湖中看清了自己的模樣？是什麼喚醒了他們心中的巨人之力，將沉睡的荒原，開放為直到天際的鬱鬱森林與燦燦樹花？

有人願傾聽這每一棵樹的哭聲與吟唱嗎？

我真摯地邀請所有的人，和我一起凝視這些精彩的心吧！這些在苦痛中掙扎著，終於開出燦爛心花的勇敢的人們，他們動人的身影，就和你我一樣，行進在這個世上。可能，讀這本書，就像人生中的一次深情回眸。注視到了那個和我一起經歷過人世的風雨、經歷過人世災難洗禮的同伴，他是如何精彩地活著，而他的精彩，到底有怎樣細緻的輪廓、顏色、形狀？這精彩是如何發生的？親愛的讀者，你不想欣賞嗎？

就像我看到的一樹美景，在很多年前，有了一種想把它獻給大家的心情。它，終於出現了。所以，為這些精彩的心隨喜，並加油吧！也為你自己的美麗、為你自己的勇悍、為你自己的不屈，為你自己的善良喝采吧！

因為我們同行！

寫在二〇一八年，亮點書系開啟時

願我如花，綻放於你心

那一刻，我看著他的笑容，
驚訝地說不出話來。
在他身上好像有一股能量，
讓我重新相信，
「努力」會綻放出最甜美的馨香。

林羿汝

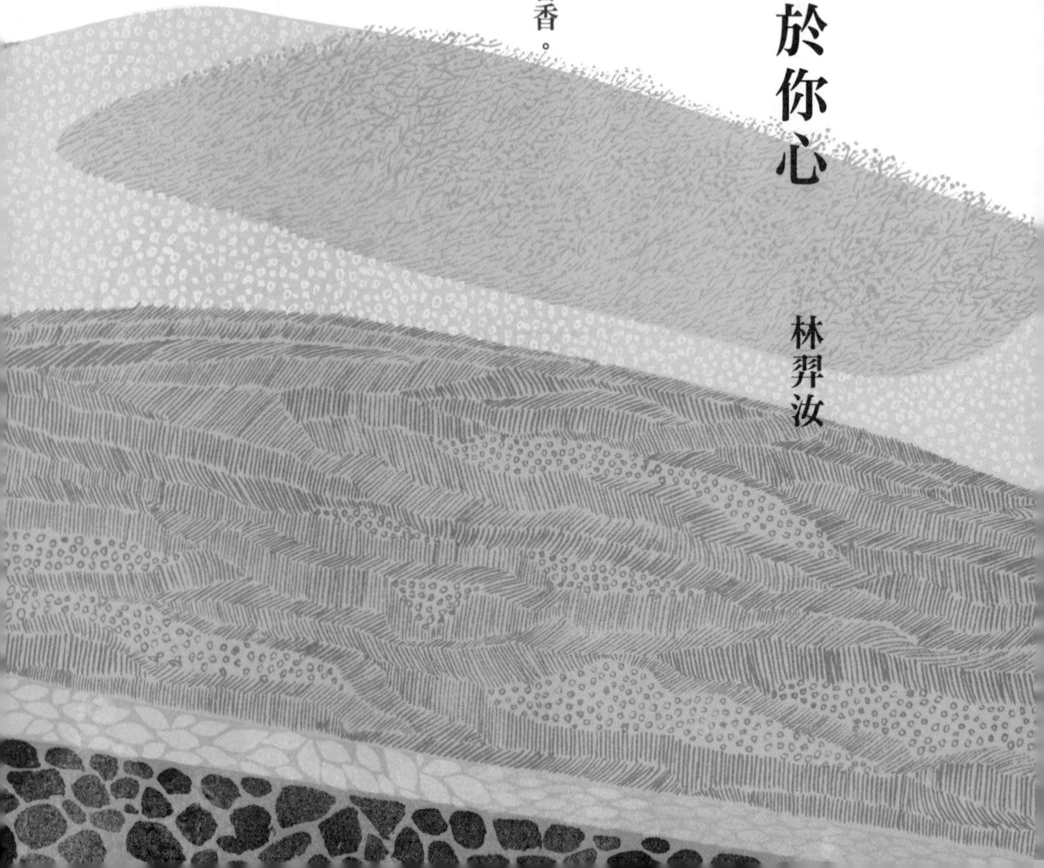

我站在鏡子前，盯著裡面的自己，圓潤的臉龐上還有幾顆躁動的青春痘，霧濛濛的鏡子裡倒映著的人也像是濛在霧中，一切看來都是那麼灰暗。最該懷抱夢想的青蔥歲月，我卻沒有任何期待，只覺得惶恐不安。

或許所有人都有過這樣的時候——站在鏡子前面，想像著自己會變成怎麼樣的人？然而我看著鏡子裡面的自己，卻沒有辦法對未來有所期待，只能睜著大眼回瞪鏡子——鏡子裡的那女孩，通常不怎麼笑，即使我彎起嘴角，想讓她看起來多點笑容，卻始終不覺得快樂。

我總是掙扎在尋求快樂的路途，但就連快樂是什麼樣子，也不是很清楚。我藉由追尋成績、追求讚許，來證明自己、尋找笑容。同學都以為我應該是個快樂的人，因為我的成績優秀，因為我總是受到稱讚，但實際上，藉由他人讚許得到的喜悅讓我像是走在鋼索上，深怕一不小心跌落，便墜入痛苦的深淵。

到底要怎樣才能夠得到真正的快樂？怎樣才能不再難過沮喪呢？我不知道。感覺生活就好像城市上頭灰灰暗暗的天空那樣黯淡，即使拚命尋找，也找不到通往幸福的道路。

第一次覺得幸福觸手可及，是因為認識了高中的英文老師。我在他身上看見了幸福的模樣。上課時，老師會分享自己的生活態度，帶給我們不同的想法，他也從不擺架子，自然地和同學們打成一片。像是一道耀眼的光照進教室，班上同學在他上課的時候，總是特別有精神，傳紙條的人少了，看漫畫的也都收了起來。

站在台上的老師看起來總是閃爍著光芒，眼睛燦亮。我看到的老師，是一個成功、快樂又受到愛戴的人。

那天在學校的走廊，我低著頭走著，迎面而來的英文老師笑得燦爛，他舉起手向我打招呼：「妳怎麼看起來悶悶不樂的呢？」老師笑著拍拍我的肩膀，面帶關懷。

「沒有，我只是在想事情。」我低著頭回答，看著他熱切的笑容，不禁有些羨慕，我很想知道為什麼老師看起來這麼快樂？

「老師，你教了那麼多年的書，怎麼還是這麼有熱情？」

「每年做的事情一樣，可是遇到的學生都不一樣啊！」老師笑著回我。

儘管是看似平凡無奇的一句話，卻在那一瞬間帶給我很大的震撼。原來我對老師而言，不只是眾多學生的一個，在老師眼中，每個學生都是不同的。老師當時笑著的神情在我的記憶中停留了很久很久，從他的笑容裡面，我看到了嚮往的快樂。

老師的那句話讓我開始追尋，追尋著像他那樣的笑容，希望成為像他一樣的人。我認為，如果能和老師一樣，成為一個有能力且受學生喜愛的老師，我就可以同他一般快樂，有一天鏡子裡面的我也能出現和老師一樣光彩奪目的笑容。為了這樣的嚮往，我開始想成為一位英文老師，一位像他一樣快樂的英文老師。

我認為沿著老師的生命軌跡走，就能成為像他一樣的人，去到和他一樣的地方。於是我計畫考老師讀過的大學，念和他一樣的英語系。

踏上路途之後，卻沒迎來想像中的光明，到來的只有無盡的黑暗。本來以為自己在國高中名列前茅的表現，早已證明自己是個有能力的人。但在大學中看到同學們流利地使用英語，輕而易舉地得到高分，這擊垮我的信心，我逐漸跟不上同儕的學習節奏，只能苦苦撐著。我為入學前自以為是的驕傲感到愚蠢，原來我沒有自己想像得聰明。

課堂上差勁的成績，像是在跟我說：你什麼都沒有辦法掌握，你不可能像同儕一般厲害，也沒辦法和老師一樣成功、快樂！

同儕的表現讓我相形見絀，被迫露出失敗者的窘態。他們看來是那麼光鮮亮麗，充滿魅力和信心，相較之下，我黯然失色，醜態百出。我試著想和同學一樣亮眼，覺得說不定外貌的改變可以讓我更有自信，所以開始減少飲食，希望自己的體態可以看來纖細而美麗。

減肥的過程讓人感到愉快，至少看著體重機上的數字一點一點下降，會覺得人生中還是有自己可以掌握的東西。我希望那個數字一直降下去，再多降下去一點，這樣我也許能不再像現在一樣毫無是處，黯淡無光。

我用自己的方式去追求快樂，快樂卻離我越來越遠，以老師為目標的旅程充滿了疲憊，努力追求成績以及別人的讚賞，卻只帶來痛苦。期待與現實造成的落差讓我只能不斷質疑自己——我到底怎麼了？為什麼我的人生會這樣一團混亂？

太多的痛苦壓得我喘不過氣，我選擇休息一段時間，想要好好釐清未來，再來思索自己要怎麼辦。聽說我的狀況後，高中時的好友特地過來關心我。

「聽說妳最近狀況不太好？我們特地來看妳。」她們睜大眼睛看我，眼神充滿著濃濃的關懷。

「唉，因為英語系的課很重，系上的同學都很優秀，讓我很累。」我苦笑，將頭埋進了膝蓋，試著不讓盈眶的熱淚滑落，紛亂的腦袋不斷重播那些失敗的記憶。

「那妳接下來打算怎麼辦？像妳說的，休學？」坐在對面的阿秀問著，眉頭緊蹙。

「就休學吧！」我說。

生活太混亂了，我不知道該怎麼看待這些失序的日常，或許靜下來，能有一方安穩的所在。

聽到我這樣說，對面的兩位友人對視了一眼，紛紛說道：「其實我覺得，妳可以再試試看。」

「對啊！反正被當掉再說嘛！」

我從來沒有想過，居然還能有這種想法。一直以來我追求高分，追求一個亮眼的名次，我恐懼失敗，擔心只要一次的失敗，就會導致我萬劫不復，然而卻有人跟我說，等到「被當掉」再說。我盯著她們看了好一會兒，內心像有一盞燈濛濛地亮了。

我又回去上課了，雖然我依舊痛苦不堪，但我選擇視而不見，咬牙苦撐，應付式地過完剩下的學期。畢業後回望，我像淋完一場雨，狼狽地走離戰場，疲憊痛苦而且滿身傷疤。

畢業之後，拒絕成為家裡負擔的我，賭著一口氣留在台北。為了賺錢，我選擇成為一個代課老師以抵掉實習，原以為這是接近夢想的時刻，沒想到卻是惡夢的開端，在沒有人帶領的旅途上，我跌跌撞撞。

不知道為何，當上英文老師的日子，讓我離找尋快樂的道路似乎更遠了。

「現在要開始上課了。請翻開你們的課本，今天我們要上第五課。」即使我站在講台前，打開課本，教室內的情境卻如出一轍的混亂。才開始代課一個星期，教室的吵鬧和混亂就遠超過我的想像，那些不斷上升的噪音，像一部急速駛來的列車，把我的思緒撞得支離破碎。

「安靜！安靜！」

我大聲喝斥，眼睛凶狠地看著那些吵鬧的學生，卻不見任何效果。他們斜眼看向講台，無視我兇惡的表情，繼續談笑。

「你給我站起來！」我指著其中一個還在大聲交談的男同學，命令道。

「幹嘛？」即使被大吼，學生也沒在害怕，他把手插在口袋中，就這麼踩著三七步站了起來，皺巴巴的襯衫隨性地貼在他身上，胸前的鈕扣零零散散地開著。他微抬著下巴，眼神直勾勾地盯著我。

「上課中請保持安靜！」我咬著每一個字大聲吼著。

「我——知——道——。」輕佻地回應之後，他眼神往旁邊一飄，不等我說話，就逕自坐下，繼續和隔壁的同學聊著最近有哪一款遊戲上市。

我沒辦法控制學生，上課成了一場夢魘。從學生的眼中，我看不到任何崇敬與喜愛，只有滿滿嘲諷，我上課的話語像是喇叭裡的廣播，充斥著教室，卻沒人理會。

有天，我把親自編寫的講義發下去給學生參考，便轉身過去寫字。寫著寫著，突然有個東西撞到脖子上。

回過頭，發現一架紙飛機掉在我的腳下。它是用我剛剛發下來的講義折成的，摸起來還留有印表機的餘溫。往台下看，有幾個學生嬉皮笑臉地看向這裡，像惡作劇完的猴子，聚在一起嘰哩呱啦地討論，還帶著歪斜的笑容，等著看事情會如何發展。

我瞪著他們，想說點什麼，但是話語卻哽在喉嚨，只能用力地吸氣吐氣，試著平穩心情，教室逐漸安靜下來，學生們睜著眼睛看向我，全班陷入一個詭譎的氣氛。我感覺自己像一顆氣球，不斷膨脹，再膨脹，直到無法承受。

我跑出教室，瞬間，眼淚從我的臉頰滑過。我無法控制這個班級，也沒辦法控制我自己。沒有人幫助我的情況下，自己一個人孤立無援地打著這場仗，實在太累了。

我嘗試過用打的方式來讓學生聽話，但依舊只是徒勞地努力。每次看到處罰之後學生更加桀驁不馴的眼神，我知道自己的管教方式是失敗的。

「當你拿起教鞭的時候，你就是糟蹋你的專業！」

尤其是和一個新進老師分享教育觀點的時候，他的一席話更讓我確定自己的看法。

一定有一個方法不是靠威嚇跟威嚴就可以讓學生信服的，只是我還沒有找到，於是我只能嘗試、摸索，用自己的方式去接觸學生，然後碰得鮮血淋漓。教學成了一種痛苦，我想要改變，卻不知道該從何做起，自己像是要被「當老師」這件事壓垮，讓我只想著逃。

「我再也不要當老師了。」

每天每天，我幾乎都對著鏡子裡的自己這麼說。

實習結束後，大學的同儕不斷去考了正式老師，只有我不想考，也沒辦法考。我的人生就這樣懸吊在半空中，不上不下。

我開始找一些以英文為主的工作，像是家教或是補習班。但那些工作不但不夠穩定，交通往返也讓我心力交瘁。為了求得安定的生活，我抱著姑且一試的心情去考了高中的代課老師，意外地錄取了。更意外的是，學校內有位老師這麼和我說：「其實妳教得不差。」

從來沒想過，全英文授課是我可以企及的。我一直以為只有英文程度較好的同學才能選擇這樣的工作，老師的這席話像是對我說：「妳可以！」我無法掌控青春期的孩子，也無法輕易放棄教學，所以我選擇往前。用一年的時間，我成為一名高中老師。

但是考上高中老師這個職位之後，教學的問題還是如影隨形。「雖然老師您好像沒什麼經驗，但是您真的很用心。」開始教學以來，學生對我最多的回饋就是這句話，他們似乎也知道我並不一定能解決他們的問題，但好在他們總說能感受到我的心意。

我真的很想把老師的角色當好，所以花了許多的時間備課、關注他們的升學情況、和他們相處，希望他們能有良好的行為表現。我對他們有著許多的想像，希望在我的帶領下，他們能成為一個穩定而優秀的班級。

我認為如果學生能夠看來「優秀」，就能證明我是個「成功」的老師。隨著時間流逝，我卻越來越疲累。因為，我知道，對學生而言，我能提供給他們的，也只有用心。

我總對他們說：「你其實很有潛力喔，我知道你可以更好。」、「你很聰明，也很有能力，只要再努力一點，一定可以進步。」

他們點點頭，在沒有任何波動的眼神中，我瞭解這樣無力的話語，只能輕輕碰觸到他們，卻穿不進他們的心。我越來越委頓，明知他們可以更好，卻無力改變他們生命的我，好像對不起老師這個身份。

我努力想成為一個成功的老師，一切卻朝反方向加速失控，不知所措的感覺不斷襲來，只能咬牙苦撐，希望自己的堅持可以得到成果。但有一次考完模擬考，學生的成績卻表現得不如預期，讓我怒髮衝冠。

當下在我腦海浮現的，是每天挑選教材的自己，我總是苦思著要怎麼才能讓學生理解，不惜工作到半夜；批改作業到一半，臨時接到處室反應學生有問題，還得起身處理；每天總要面對成堆的作業和行政資料；課堂上幾個比較不聽話的學生需要特別的關注、喝斥或是警告，避免他們擾亂上課秩序……。

我讓全班放學後留下來，對著他們劈頭就訓：「我這麼辛苦，為什麼你們都沒有感受到？你們怎麼會這樣辜負我的苦心？」

怨言脫口而出之後，喉嚨卻像是被什麼哽住，剎那，有某種東西在我腦袋裡面爆炸。

我想到，小時候，大人們也總認為我不瞭解他們的辛苦，不懂他們的用心。那時候的我總是想，你們從來沒有站在我的立場想過，只是把自己的人生寄託在我的身上。為什麼你們不願意瞭解我在想什麼？

沒想到，我最厭惡的思考方式居然出現在自己身上，並用這樣的方式去教育我的學生。他們其實是無辜的……。那些低下頭的學生，彷彿與當年的我重疊。我不禁心頭一緊，他們是不是也像那時候的我一樣難過，覺得老師並沒有站在他們的立場想過？

想到這裡，我的眼淚幾乎就要掉下來。

「老師也只是希望你們能多加油……。」

看著班上依舊垂著頭的同學們，我想說點什麼，但是話語哽在喉頭，最終也只是蒼白地吐出這句話。

那天之後，我企圖向學生們多說點什麼，但總覺得講台上和講台下的距離越來越遠。我感到渾身緊繃，像是隱隱有什麼力道將我掐著。

他們到底怎麼看我的？是不是對我有許多不滿？在暗地裡他們會不會討論老師有著什麼樣的缺點？在他們眼中，我是不是一位好老師呢？這麼多的擔心縈繞，讓我不知不覺對學生採取縱容的態度，試圖討好他們。

「沒關係，你今天沒帶作業，下週一再補交就可以了。」

「班長你的資料還沒收齊，記得後天之前要收完喔。」

我保持一貫的微笑，卻不再真摯。看似寬容的話語不過是對學生的放縱，但對我來說，少了摩擦和衝突，就少掉很多質疑和對立，至少學生不會覺得我是一個討厭的老師。不被學生討厭，似乎就能朝那個深受學生愛戴的老師的形象靠近。

無形之間，我越來越疲憊，像是陷入了深沉的泥淖之中，努力地掙扎著，卻越陷越深。我不知道該怎麼辦，時間的流逝沒讓我更熟練怎麼成為一個成功的老師，留下的只有痛苦，卻沒人可以言喻。下班脫離人群之後，我總是大吃大喝大哭，徒勞地宣洩自己的情緒。我把自己縮起來，然而壓力卻如影隨形。

我開始想，是不是自己根本沒辦法像啟蒙我的老師一樣那麼成功？是不是，我根本就不該留在這裡，堅持一定要成為一位成功的老師？

因為想要逃離教師身分，我決定培養自己其他的專長，考取了心理與諮商學系的研究所。不久之後，一個朋友推薦我去參加佛學讀書會以及專為教師舉辦的營隊，聽聽其他老師的職涯生活。

即使那時已萌生轉行的念頭，但是仍有一道聲音催促著我去參加教師營，要我為從實習到現在的困境找到出口，去發現職業生涯的這幾年，我到底缺少了什麼？

教師營是一個大型的教師研討會，來自各地不同的老師們坐在台下，聽著台上的講者分享各自的教學經驗，其中不乏資歷深厚的老師講述自己多年的帶班心得。

「我認為做一個老師，最重要的就是要發現生命的美好，並以此引領學生。所以在這邊我要推薦大家一個名為『觀功念恩』的方法，利用這個方法，去發現學生的美好。」台上的講者拿著小型麥克風說道。

「熱情是很重要的，相信坐在台下的大家都很有熱情，所以才會在這。但是只有熱情是不夠的，更要利用這樣的熱情，讓學生瞭解這個世界還有他們沒有看到的美麗光景。讓學生試著感謝所有美好的事物；讚歎那些值得感恩的事物，讓他們能夠保有正向光明的內在。」

他接著切換一張投影片，上面是一張海報的照片，寫著班規——紀錄生活中的美好和感恩，海報前面則是一群學生，笑得燦爛。

「我利用班規和活動，讓學生在生活中找尋值得感謝和紀念的小事，逐漸讓他們瞭解並活用『感恩』這個概念。」

台下的我看著一張張投影片，總覺得裡面學生露出的開懷表情似乎像蝴蝶似翩翩地飛出來，溶進我的腦海。如果我也能引入這樣的教學方式，是不是我跟學生之間也能找到一條道路，一條能夠互相溝通，喜愛彼此的道路？

懷著這樣的嚮往，我在營隊中專注地聆聽，仔細做著筆記，努力吸收咀嚼台上講師在觀功念恩裡所學到的方法。

不久之後，信心滿滿的我站上講台，對著台下的學生說道：「今天開始，我們的班規就是感謝和發覺生命中的美好，在生活中要多多注意別人對你的付出，表達感恩，珍惜生活中所有美好的事物。」

在台下的學生們似懂非懂的表情裡，開始了以觀功念恩當作班規的歷程。原本以為這會是一個很好的解方，能增進我與學生之間的關係，但沒想到只累積了衝突。

「你聽得懂老師說什麼嗎？」

「聽不太懂，感覺有點可怕。」

「對啊對啊……。」

搞不清楚我在做什麼的學生不時交頭接耳，表情煩躁。有學生甚至寫了一張卡片給我：「我知道您是很有心的老師，可是我真的不懂您在幹嘛？」

那些互相的不理解逐漸累積、膨脹，幾乎快要壓垮我。其他老師用同樣的教學法明明都相當有成效，但是為什麼只有在我的課堂中沒有任何作用，甚至讓我和學生的距離更加疏遠呢？

我不懂，如果連觀功念恩都不能夠改變我與學生的關係，那到底還有什麼方法是我能使用的？

我仍舊沒有一個明確的希望，只是在灰暗的世界，不斷追尋。

我將心理師執照視為我唯一的退路。我想，如果能被證明是一名心理師，也許在教學上的困境能有所轉變，就像是梭哈中翻開最後一張牌，一切都能撥雲見日。

拿到心理師執照的那一天，我本以為我找到了真正的目標。

那天早上起來，看到放榜的消息，感覺像是多年來的目標終於落在自己的掌心之中，之前所面對的問題好像都可以迎刃而解。內心充實得好像從此自己將無所不能，連身體都變得輕盈。

但是入夜後，熾熱的心逐漸冷卻，那些信心開始流失。我想到明天要面對的那些學生，那些我難以靠近，不知怎麼相處的學生，就感到害怕。我還是沒辦法成為像高中英文老師那樣的人，無法像陽光一樣帶給學生們希望。我始終沒辦法變成我想要的樣子。

我看著心理師執照，突然驚覺它沒辦法為我帶來任何的改變，它沒有任何魔法，我依舊是那個面對學生會感到害怕，沒辦法讓學生體會到生命價值的老師。站在講台之上，學生還是會討厭我，而我還是沒有辦法接近學生最深層的內在。我沒辦法像是高中老師一樣快樂，沒辦法受學生愛戴，到頭來所有的努力都是荒唐。

「拿這個沒用，拿這個完全沒用！」我不停哭喊。

成為一個名正言順的心理師根本無法改變什麼。我還是原本那個我，什麼都沒有改變。

在佛學讀書會認識的副班長看著我憂鬱的神色，欲言又止，最後什麼也沒說，只是介紹我去義工單位——教聯會服務，希望我能在服務的過程中找到改變的契機。

教聯會是許多老師在假日共同研討跟承擔營隊的組織，老師們的教學經驗會成為營隊裡面的素材。

在教聯會時，他們提到一個我從來沒有聽過的教學方法——關愛教育。當時，我讀到一句話：「要打從心底喜歡學生」，讓我震驚異常，為什麼要喜歡學生？喜歡學生這個詞是我未曾思考過的事！我不懂，真的不懂。

為什麼是我要喜歡學生？難道不是學生應該喜歡我嗎？為什麼我這麼努力、認真，還要求我要喜歡學生？我震撼而驚訝，雖然想要否定，內心卻有一道聲音跟我說：「這就是這麼多年來，妳總是無法快樂的原因，因為妳找錯方法了。」

與認知相差太多的衝擊讓我的眼淚就這麼掉了下來，然後再也止不住淚水。我發現，自己根本沒喜歡過學生。

我想知道，是不是真的理解何謂關愛教育，自己就能改變？於是在一次機會中，我向教聯會的珠釵老師請教有關關愛教育的疑惑。

「老師，為什麼關愛教育中，告訴我們必須打從心底喜歡學生？難道不能希望學生喜歡自己嗎？」

老師從容一笑：「你想讓學生喜歡妳並沒有錯啊！只是在希望他們喜歡妳之前，還有一個前提。」

「什麼前提？」

「妳要先去喜歡他們，瞭解他們！如果妳都不想瞭解他們，又怎麼能希望他們喜歡妳呢？」

老師的話語讓我恍然大悟，在自己近十年的教學經驗中，從來沒有喜歡過學生，對學生只有期待和要求。這正是我和學生產生隔閡的原因。

一直以來我以為只要像高中時的英文老師一樣受到學生愛戴，就能得到快樂，所以我一直追求學生的認同。我誤解一位好老師就是專業好、能力佳、受學生喜歡，但實際上，這些認知都是錯的！

如果我沒辦法發現學生的優點；瞭解學生的特質；聆聽他們背後的故事，那我的教導永遠只能停留在制式而死板的關懷，學生也無法從我的引導中，看到自己生命中有著不同的價值和美麗。

我太過注重看得到的讚美與認同，從沒有認真探詢一位好老師該有的內涵，從沒有認真思索學生需要的到底是什麼。一直以來，我的痛苦，就是因為我追求著錯誤的觀念，所以不斷遭遇挫折跟絕望。

高中英文老師看起來那麼快樂，不是因為我們認同他，是他打從心底喜愛教師這份職業，喜歡著我們，所以在學校、在課堂，他總是充滿自信，光彩照人。快樂不該是來自於學生的肯定與認同，我尋求的快樂，該是從內心去探求，不是寄託在他人身上。

當珠釵老師說我沒有錯的那一刻，她的神情與答案讓我知道，這就是我一直以來要的答案，這是我可以去嘗試的方法，也是我痛苦的解藥。

一直以來，我總將分數的挫敗，視為自我能力不足的展現，我需要用成功證明自己是有價值的，所以只要有一絲的挫折，就彷彿在靈魂染上一滴墨漬，讓我只能深陷其中。

這樣的思考方式在我面對學生的時候延續了下來，只是我不再用分數評量自己，教學的成功與否變成另一個衡量標準。學生能不能表現優秀？自己在他們心中是否是一位好的老師？這樣的自我評價像飛雪一樣盤旋在我的四周，我以此去判斷自己到底是否成功，最後我被自己的評斷所淹沒。

若深思曾有過的標準，在這麼多的問句背後，其實我關心焦慮的還是自己。因此面對學生，我卻步，失去真正關心學生的本質，讓教書變成枷鎖。但教育應當是一個生命去影響另一個生命的過程，在相互碰撞間，彼此磨合，並在過程中讓大家慢慢扭轉、改變。

珠釵老師曾對我說：「要用佛法的理念，讓妳的教學變成一種神聖的事物，而不是一種枷鎖。要發現學生潛在的美，堅定自己幫助學生的心。」她帶我發現學生的美，帶我瞭解什麼叫做堅定。她知道，我想當個好老師，只是我不知道如何做到。她以一種溫柔的方式慢慢引導我，教我如何去做到這一步。

像在凜冽的冬天被一抹陽光撫慰，我終於找到一個出路，重新感受到教學的成功似乎有一絲希望。

接受了關愛教育的理念後，我碰上一位叫阿凱的學生，也在他的身上看到了關愛教育從實踐到印證的過程。

高二的阿凱是大家眼中典型的「麻煩份子」，開學沒多久，我就從他身上聞到陣陣的菸味。教官也常向我反應，他使用完的廁所有濃重的菸味，甚至還有幾次被當場捉到正在抽菸，然後他為了懲處與否和教官大聲辯駁。

如果在以前，我相信自己會將他視為眼中釘，因為他是「打亂班級秩序」的人。但是這次我告訴自己，要喜歡學生，要試圖發現他美好的一部份。

因為我開始相信「要喜歡學生」這句話，所以我想盡辦法喜歡阿凱，不論他有什麼樣的行為，我都想喜歡他，我知道，要先喜歡學生，才會有後續。

有一天午休的時候，我注意到從早上開始就坐在位子上的他一直沉默不語，臉色陰鬱，我悄悄地寫了一張小紙條放在他的桌上，希望能夠由此展開我們的對話。

「午休的時候來找我，我想跟你談一談。」

一開始私下對談的氣氛還是有些尷尬的，他試圖與我保持一個遙遠的距離，我詢問著他最近的學習狀況、心情，是不是有發生什麼特別的事情？面對我的提問，他總是擺出一副無所謂的散漫態度，一臉無趣。

好幾次我看著他漫不經心的眼神，感到憂慮，他似乎認為我的關心只是一時的心血來潮，不會長久地堅持下去。我也逐漸開始猶疑，我所相信的觀點是正確的嗎？會不會他就如同他所展現一樣，沒有所謂美好的一面？

但慢慢的，隨著我不斷努力，我和阿凱的午休會面漸漸進展到一週三到四次的頻率。他說話的語句開始變多，散漫的態度也有所收斂，開始較為認真地回應我的問題。

我隱隱約約能察覺到，真實的阿凱被某種東西覆蓋住，讓人看不見底下的原貌。或許就像關愛教育所說，阿凱也有他潛藏在生命中閃閃發亮的部份。

如果可以，我想看看他真實的樣子。

某一次午休會面，他順口聊到：「以前的老師們都不太喜歡我。」

「為什麼？」

「因為我是壞學生，小一就會翹課。」

「你翹課去哪裡啊？」我很好奇，小一生不上課能去哪裡呢？

「我想到奶奶自己一個人在家，所以中午就把便當包一包，帶回去給她吃。有時，我看到校園裡面有小鳥或蚯蚓死掉了，就幫忙埋起來，結果上課就遲到了。」阿凱說話時的語氣平淡，像是正在聊的事與他無關。

他喝了口茶，接著說：「因為那時候沒有跟老師報告，所以就被認為是翹課。」

聽到這些話的我，腦海裡浮現的是一個年約七歲的孩子，特地拿著一個便當，走很長的一段路，只為了讓照顧他的奶奶吃到午餐。

也許中午的太陽很毒辣，也許馬路上充滿危險的車流，但是他仍舊願意冒著危險去做這樣的事情。這不是源於他對長者的孝心嗎？更別提他為死去的小動物埋葬；為幼小的生命哀悼，如果沒有一顆充滿同情的心，和纖細敏感的靈魂，怎麼會做出這些行為呢？

突然間，我恍然大悟，自己最早的認知根本大錯特錯，我只看到他愛嗆老師，卻沒看到原因，原來他是一個這麼善良的孩子，卻被所有人誤會，連他也誤會了自己，認為自己是一個壞孩子。

那瞬間，覆蓋在阿凱身上的東西好似被揭開了一角，我看見他不為人知的美好，隱藏在阿凱心中那份善良的情感，美麗得讓我難以忘懷。即使多數人都認為他表現不良，存在許多問題，但是實際上的他卻存在著不該被忽略的一面。透過關愛教育的理念，我好像終於能看到學生真正的內在。

如果我還像以前那樣和學生相處，我應該還在遠處看著他的「表面」，無關痛癢地評論著吧！

從前的我到底錯過多少和阿凱一樣的學生呢？那群我認為不聽課，上課大聲吵鬧的學生們，背後是不是也有一段不為人知的故事？有多少的學生需要被聆聽和接近？如果我能像這樣早點試著進入學生的心裡，是否會看見更多學生的良善？

想到這裡，不知不覺，我掉下了眼淚，我下定決心要讓阿凱看到自己的善良和體貼。

從那時開始，除了平日的會面，我也透過班上的成長札記，和阿凱對話。偶爾在他簡短而潦草的字跡中，他會表露出對人際關係的困擾，並因為在乎他人的感受而陷入低潮。

「總在別人面前耍著猴戲，逗大家開心，但在夜裡只能用酒精來麻痺自己，想著許多庸人自擾的事。」

「是怎樣的庸人自擾？發生了什麼事情嗎？老師感覺得出來，你常常想著很多事情，你很在乎別人的看法，所以更容易受傷。無論是開朗的你，或者是難過的你都是獨一無二的。如果你有任何的煩惱都可以和我聊聊，老師很願意聽你分享。」

札記上時常出現一藍一紅的語句交錯往返，我關注著他的生活狀況，並給予他支持和鼓勵，點出他自身散發出來的溫柔與光芒，也鼓勵他好好地面對自己的困擾。

從一開始的短短幾字，到兩三行的回應，阿凱在過程中越來越軟化自己的外殼，願意分享自己的心情和近況，甚至能討論起他面對功課的心態。對於分數想要得到成效的渴望，讓他一直處在挫敗的迴圈之中，看到他因努力沒有回報而煩惱，我向他分享耐心與等待的重要。

在一次又一次的交流中，我理解到更多阿凱的內在，他不僅善良、體貼，還有一顆細膩的心，而他一直很努力，也在踏實地進步中。

阿凱後來在一則札記的「寫下感恩」的欄位，如此寫道：「老師，很感謝您總是認真回覆我，即使我的話相當少，您還是這麼用心地回應。」

簡單的幾個字，卻反映了我們心靈距離的靠近，他不再對我抱持疑慮，我們能真誠地交流。

理解關愛教育之後，以前和學生疏離而扁平的關係被打破了，像潛進海面下看見繽紛的珊瑚，他們的特質美麗而多樣。學習聆聽和接觸，讓我能看見如此耀眼的光景。

而我也感受到更多「當老師」的快樂。不只是在台上教得手舞足蹈，口沫橫飛；更多的是在夜色漆黑的道路上，為迷路的學生點起燈籠，尋找方向。我們未曾知道正確的目的地，但我能陪伴，能以我的知識和見聞給他們一點指引，這似乎比班上的成績和表現重要得多。

在持續不斷的傾聽、理解和鼓勵之下，努力終於有了成效。

那一年，阿凱高三，有一次廁所又飄著菸味。學校教官知道他會抽菸，所以闖到班上，當眾指著他的鼻子大吼：「你是不是在廁所抽菸！」

「我哪有！」阿凱立刻站起來大聲駁斥。

以往阿凱被誤會後，他的情緒就會爆發，致使情況一發不可收拾。我站在旁邊擔憂地看著他，害怕他情緒失控。我想，這或許也是對我們交流的一次考驗，考驗我和他這一年多的相處，是否讓他有一點點的改變。

打算張嘴辯駁的阿凱突然間大吸一口氣，他眼睛仍然鼓著，但是表情卻不再暴戾，欲說出口的話被他嚥下。我看著這樣的畫面，險些落淚，因為一年前的他不可能會忍耐。

「你好好講，沒有就沒有，好好講。」我走過去拍拍他的肩。

「好。」他憋著氣點點頭，跟著教官走出教室。

不久他又回來了，只淡淡地說了句：「教官說沒事了。」

看著他的臉，我非常敬佩他，他成功地克制住自己的情緒。我希望是我的陪伴曾給予他力量，讓他能慢慢地、慢慢地逐步改善。

雖然阿凱的成績並不是特別好，卻喜歡上我的課，而我卻從沒想過——他會因為我，而開始唸英文。在日積月累的努力下，他考上了一間私立大學夜間部的英語系。在他開心地跟我分享他的喜悅時，我建議他轉回日間部。

「阿凱，你很容易受到環境影響，所以老師希望你可以轉回日間部，這樣會比較好。」

「好。」聽到我的建議，他沒有反駁，只淡淡地說了聲好。

對他的回答，我半信半疑。半年後，他再來找我時，他告訴我說自己已經轉到日間部。

「你怎麼做到的？」我驚訝地問道。轉回日間部等於再考一次試，對阿凱來說，不啻是一項艱難的任務，但他信守諾言地達成這個目標。

「因為只要答應過的事情就要做到。」他回答。「有人問我，你怎麼可以改變這麼多？我就說，很想放棄自己，或是很想放縱、擺爛的時候，我就會想到老師。因為跟老師有過約定。」

說完，他從隨身的皮夾裡面拿出一張皺巴巴的小紙條，邊緣甚至缺了一角，上面有著紅色的字跡：「午休的時候來找我，我想跟你談一談。」

「你怎麼還留著？」我激動地看著阿凱。那是第一次為了和他「會談」所寫的紙條，沒想到他居然保留了兩年之久。

「心情不好時就拿出來看一看。」他有些靦腆地笑著，然後小心的將紙條對折，再度放進錢包裡。

「有人那麼關心我，站在我這邊，使我願意為任何事努力。」

那一刻，我看著他的笑容，驚訝地說不出話來。我從他身上找到一股能量，重新相信這一路以來的努力，正一點一滴在阿凱的生命中綻放出亮光，而且始終在他的生命中跳躍。彷彿當初嚮往的英文老師一樣，我能成為照耀某個人的亮光。

我從一隻俯看學生們的鷹，變為願意陪伴和關懷的母雞。

我更加確定這是我一直以來嚮往的快樂，飽滿而充實。那份愉悅並非來自學生的成績或是其他外在的鼓舞，而是學生與我互動後產生的轉變。

一位老師所要在意的並不是學生外在表現的好壞，關鍵在於他能帶給學生多少快樂和自信。過去的我執著於錯誤的認知，直到今天才幡然醒悟。

不只是我教育了阿凱，阿凱也教育了我。

一天早上，我醒過來，習慣性地掬起一捧水潑在臉上，再拿毛巾理去散亂的水珠，抬頭，我看到鏡中的自己。

日光打在鏡面上，清晰地映出我的臉孔和表情。

我想起高中那年，一個人困窘地盯著鏡子，試著彎起嘴角，找尋自己的笑容，透過鏡子想一窺長遠的未來。

從前的不安和恐懼像一張網，網著我的青春。受困在其中的我，迷信著一種職業、一件事物，用評價自己來證明生命的定位，一路走來跌跌撞撞，像一縷迷失在夜裡的幽魂。而在經歷重重的痛苦之後，我終於卸下枷鎖，發現自己所在乎的是能夠成為一位對學生有影響力的老師，並以自身生命的轉變來啟發學生。

以此為目標，我慢慢掙脫過往的不安和恐懼，能不懼評定，不懼他人的眼光。像是靈魂冉冉升起了一道強勁而溫暖的光，未來變得明亮透澈，撐起一片能自由翱翔的湛藍天空。

想到這裡，我放鬆地笑了，鏡子裡的我也跟著笑了起來。自然而美麗，如一朵花般燦爛。

將幸福牽起

媽媽對我的不期待、不要求，
始終是我無法釋懷的痛。
長大後才懂，
原來她給我的，是「自由」。

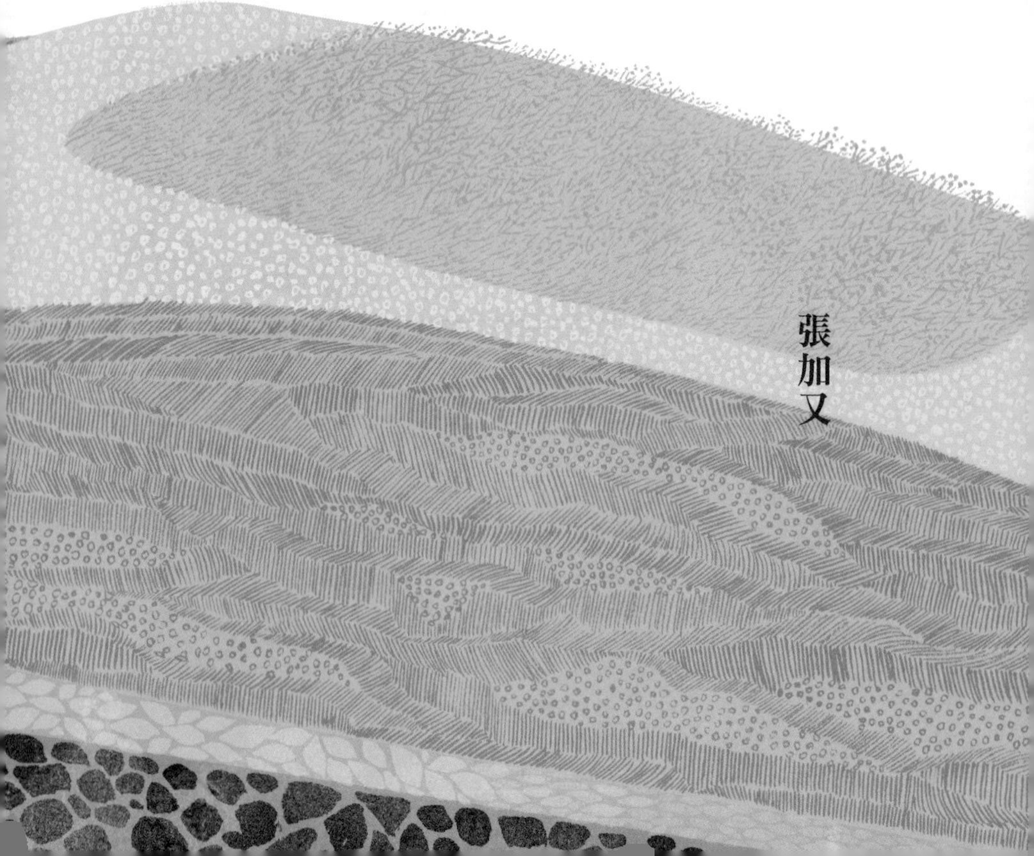

張加又

我總是活得很自我，從不在意父母，直到那天看著他們駝背的身影，才驚覺他們都老了。我從未真正注意過父母的模樣，或許，只因為一直以來，我只想逃離，逃離母親的掌控，逃離令我傷心和自卑的一切。

母親那句：「妳就是這樣才不得我疼。」像緊箍咒一樣綑綁著我，讓我痛苦不已，也讓我心中充滿了不平。

我從小體弱多病，看病總得花掉父親將近一半的薪水，加上家裡收入不多，所以母親認為我一定是來討債的，否則怎麼總是讓她要為家計煩惱，一刻也無法放心。

每一次只要說出：「媽，我覺得喉嚨有點不舒服，頭好像也暈暈的。」這類身體又出毛病的言語時，母親總得來個白眼，然後啪的一聲，先賞我一個巴掌，接著下一句話就是：「妳就是這樣才不得我疼。」才願意帶我去看醫生。

我想，或許生病也是一種罪過，不然我為什麼動輒得咎？

偶爾，母親會皺著眉問著：「妳怎麼了？身體又不舒服？」

為避免可能的責罰，儘管身體不舒服，我也會儘量忍著，假裝沒事。但這種蹩腳的演技怎能瞞得過她，身體狀況終究難以隱瞞，總是三兩下就被識破。於是，免不了又挨一頓罵。

我反覆想過很多次：「也許我並不是爸媽的孩子？否則為什麼這個家只有我身體不好？只有我看醫生會被罵？我不明白，倘若我不是他們的小孩，我為何會在這個家？」

為此，我曾跑去問母親：「媽，妳知不知道我是怎麼來的？」

她想也不想就回答：「妳是我在賊仔市撿到的。」

這答案著實讓我震驚！賊仔市？不就是那個專門銷贓的市場嗎？難道我也

是被某個人偷了送去那裡拍賣，再被買回家的？

這麼一想，一切都說得通了。這就是為什麼家裡明明三個小孩，母親就只疼姐姐和弟弟的原因，因為我是被撿回來的孩子，所以她才不愛我。我覺得自己應該去尋找那個傳說中的賊仔市，去看看自己的起點，或許到那邊，我就能接受自己為什麼不被母親疼愛。

於是，為了找到自己的歸屬，為了找到一個理由，小學三年級的我，孤單地離家出走了。

不曉得賊仔市在哪裡，我只能憑感覺走過大街穿過小巷，把所有熟悉不熟悉的路都繞一遍。走了許久，沒吃東西也沒喝一滴水，雖然很累，但我還是走到太陽下山，看見鳥兒在落日餘暉的映照下紛紛歸巢，才回家。

我最終還是沒有找到賊仔市，說不上來自己是難過或鬆一口氣。老實說，我也不懂為什麼我要尋找它？或許，我只是想找一點連結，找一個歸屬感。

我餓著肚子往回走，心想，離開了那麼久，不知道家裡的人會不會有一點點想念我？可惜回去之後，完全沒有人發覺我不見了，更別說想念，想到自己在這個家，是如此沒有存在感，讓我心頭不禁湧上一股小小的哀傷。

母親年輕的時候，家境不好，學業還沒完成，便去當了理髮師。她的客人有很多是年紀相仿的大學生，打扮體面，看來光鮮亮麗。看著他們的模樣，她只覺得心頭又苦又酸。或許正因如此，她認為只有書讀得好才有出人頭地的機會，才不會像她一樣吃苦，所以母親總是嚴格要求我們三個小孩的成績。

成績優異的姐姐成了母親的驕傲，成績不好的我成了她心頭的一根刺。

我並不是不努力，偏偏讀書這事講求天分，不管我怎麼讀，就是無法如她的願，永遠不可能像姐姐一樣聰明伶俐，最後總會得到母親一句：「妳就是這樣才不得我疼。」自己就像一隻蝸牛，努力跑了很久很久，最後發現只前進了一點點。

每每看著我那慘不忍睹的分數，母親總嘆息著說：「妳實在笨到旁人都無能為力的地步。」

我曾經為了得高分而動過歪腦筋，決定在考試時抄隔壁同學的答案。但笨拙的我，即使抄個答案都能抄錯，還是考了個不及格的分數。

那次，母親氣炸了，她怒氣沖沖地拿起手邊的菜刀就往我追了過來，直到我跑到街上，好勝的她驚覺失態才罷手。卻還是落下了一句「妳就是這樣才不得我疼」。

最後，母親雖然沒有真的一刀了結我，但也讓我明白了，她真的不愛我。那句：「因為這樣才不得我疼」的話牢牢地繫縛著我，就像緊箍咒一樣不斷束縛著自己。

我痛苦，卻找不到解套的方法。我不斷自我質疑，自己為什麼這麼笨？為什麼就是無法達到她的要求？是不是因為我考得不好，所以母親才不愛我呢？還是母親不疼愛我，單純只是因為她不喜歡我？

對我而言，成績不好這件事也不過是根浮木，讓我有一個理由說服自己：「我是因為成績不好才不受喜愛，而不是沒有任何理由地被厭惡。」

我會這樣想，是因為弟弟成績也不如姐姐出彩，卻還是集眾人的寵愛於一身。對母親來說，如果成績真這麼重要，又怎麼會這麼疼愛弟弟？是因為他是男生嗎？又或者真的是因為我太討人厭了？我不懂，我真的不懂，到底要怎麼樣，她才會愛我？

曾經，我也想過放棄當個好孩子，想要叛逆地活著。畢竟要成為母親眼中的好孩子實在太難了，不如變壞吧？反正墮落只需要一瞬間，不必耗費太多心力，而且如果是因為我很壞，而不受喜愛，我似乎能比較釋然。

然而真正要使壞時我又猶豫了。

最終，仍是掙扎在努力變好的路上，沒有勇氣改變現狀。

我多希望自己也能成為父母心中的喜悅和驕傲，可惜我不是。我不知道自己能做什麼？可以擁有什麼目標？成績若是如同母親說的那樣，是人生的一切，那麼成績不好的我又該如何是好？

國中模擬考試之後，我看著那慘澹的成績，只覺得烏雲籠罩在頭上，抑鬱而擔憂。一想到未來還要為成績掙扎，還要和同學用分數分個高低，就讓我打從心底感到惡寒。我想，比起以讀書決勝負的高中，或許技能導向的專科學校更適合我。

最後，我決定就讀護專。除了成績的考量之外，年幼時多次進出醫院的經驗，也是原因之一。那時看著護士拿著針筒，一副威風凜凜的樣子，我就曾升起過當個護理人員也很不錯的想法。

最重要的理由，是我想藉由就讀護專離開家裡，就讀的學校最好離家遠遠的，能跑多遠就跑多遠。如果家人不喜歡我，那我也不想跟家裡有任何瓜葛。

沒想到立基於逃避的決定，卻成為我人生很重要的轉捩點。

讀護專之後，我原本笨拙的腦袋彷彿突然開竅了一般。不知為何，老師上課的內容我都可以舉一反三，即使難如內外科護理學、物理學、解剖生理等科目，都有辦法藉由類推而理解。以前困擾我的課業，如今不再成為我的夢魘。

但我卻沒有因為自己似乎變聰明了而奮發向上。以前我不論怎麼努力，都得不到結果；現在好像只要努力就可以看到一些成果了，卻不知道為什麼要這麼努力。

反正不論第一名或最後一名畢業都是護士，家裡也早就不期待我闖出什麼名堂來，那不如只求及格就好。與其整天讀書，不如把重心從學業轉為對外界的探索。我開始參與各種活動，體驗不同的世界。

我積極地參與活動，只要有興趣的社團我就投入熱情，不論當社員或幹部，在不同的角色上，我都學到不一樣的處事態度與能力。其中最讓我印象深刻的，則是去幫助、教導弱勢孩子的一個服務性社團。每每和這些小朋友相處，我總能在他們身上感受到被需求的快樂，這也是我生命中一直缺乏，同時也不斷渴求的一種經驗。

活躍於社團的我漸漸成為學校的風雲人物，這是以前的我未曾體驗過的生活。我漸漸有了自信，我發現，成績不好，好像也可以過得很好。

其實，讓我能夠擺脫對成績不好的陰影，要歸功於我的導師。有一次與他談話，他說：「從妳身上，我看到一個領導人的特質，好像妳講的話大家都會聽，但奇妙的是，妳竟然是個極度缺乏自信的人，這樣不是很怪嗎？因為這兩者是衝突的特質，但卻微妙地並存在妳的表現中。」

當時我只回答了幾個字：「老師，我成績不好。」

一個簡單的理由，卻是從小束縛我的萬惡緊箍咒。我做什麼都沒自信，因為不管我做得好不好，母親的行動都告訴我：「妳是個失敗的人。」

他點點頭，只回答我：「成績不代表人生的一切。」這是第一次有人這樣對我說。

跟我的答案一樣短短幾個字，卻在我的內心「轟」的一聲發出巨響，我的小宇宙悄然炸裂了。生命裡第一次出現的這句話，與我過去認知的世界太不一樣了。

以前母親總說：「成績代表一切，妳要有好的成績才會有好的人生。」多年來，我被這句話折磨得疲累不堪，不斷埋怨母親不喜歡我，又拿這樣的話勒住我。

我無法認同她的話，因為我不認為成績好就是一切，卻也沒有自信證明她說的是錯的，只得將所有苦水往肚裡吞，但那滋味太難受，所以我不斷藉著忤逆來發洩我的情緒。只要她說東，我一定會往西走；她要我吃飯，我便說不餓；要我去睡覺，我就回答時間早得很；問我讀書了沒，我肯定跟她說：「有什麼好讀的，人生平凡地過就好了。」擺明要讓她生氣。

我表現得不在乎，可是母親的一言一行仍舊對我有著巨大的影響，於是我痛苦不堪，不知該如何是好，如今我卻從另一句話裡得到了救贖。「成績不是人生的一切」就像一把鑰匙，因為老師的那句話，讓我第一次嘗到被肯定的滋味，也打開了我探索世界的勇氣。雖然我還是持續與母親發生爭執，但整個五專時期真的是我最快樂的階段。

我的班導師，讓我開始想證實生活中還有其他比成績更重要的事。

畢業時，學校老師為了鼓勵我們說了一段話：「許多二十歲的生命還在吃喝玩樂的階段，你們的手卻將要紀錄無數生命的憂悲苦惱，要好好珍惜並持續努力學習。」

因為那一段話，剛踏入職場的我，只要有任何學習進修的機會都努力把握。當時的主管說，一位護理長若能將團隊帶領好，一天能照顧到的病人會比一名護士單打獨鬥所照顧的要來得多，所以我一直以護理長為目標，甚至不到七年的時間就當上護理長。

原本這該是令人感到光榮的事，我卻只覺得異常心累，尤其遇到醫療糾紛時更覺孤立無援，努力撐了一段時日，卻依舊疲憊難耐。

我經過一番思考與掙扎，認為問題應該不在我身上，是醫院格局太小，才會造成現在的難題，因此決定轉到醫學中心重新歷練。

幾年後，醫院派我去承接一間私立體系的地區醫院，由於是偏鄉，資訊系統經常當機，這一當機就是全面停擺。在人力嚴重不足的情況下，我還得身兼電腦維修師，找出到底哪裡有問題，然後硬著頭皮去跟資訊人員溝通。

「又當機？這樣我要怎麼看病？快點修好！」

每當遇到這種事，醫生往往暴跳如雷，張口就是大吼，對於停滯的行程，病人也常感到不耐，滿臉厭煩。

「好像是流量太大，我去問問看怎麼回事。」

頂著大家不耐煩的眼神，我查看了一下系統，故作鎮定地拿著話筒就走出病房。

「又出狀況了！你們到底會不會啊？快點修好！」話筒接通後，我立刻咬牙切齒地怒罵，對於總是出狀況的電腦感到生氣，也對於維修人員無法馬上解決問題感到暴躁不安。

在那裡的每一天都宛如作戰，整個人精神緊繃到近乎爆炸的狀態。很多時候長官要求績效，而同仁只想休假，但這兩個相悖的願望是無法同時滿足的。夾在中間的我不斷被拉扯，怎麼做就是會有人不滿意。

不管怎麼努力，條件上無法改善的事情就是不能改善。我很想逃離，什麼都不想管，不論是系統又出錯、醫生的吼叫或是病人厭惡的表情，我都不想再處理，只想離開。

就在那樣充滿壓力的情況下，剛好在社群軟體上看到有個國際醫療志工的招募廣告，勾起了我一絲的興趣。

護專時期，老師偶爾會分享一些畢業學姐的近況。有一次，他提到一位學姐，她會在臺灣工作一陣子，然後再利用賺的錢出國當志工，如此往復。當時聽了覺得十分羨慕，立志有一天，也要同她一般走向國際。

而現在，現在不就有一個現成的機會擺在我眼前嗎？

念頭一旦湧現，便無法放下，於是在老闆的應允下，我留職停薪了一年，然後辦理了國際志工的程序，飛到了第三世界。

現在回頭想想，也不曉得當時自己是哪來的勇氣，明明英文只是能勉強和病患溝通的程度，卻還是堅持出國。到現在，我還記得在過境之前，我花了多久的時間準備可能會被海關詢問的問題，甚至因為擔心如果被問到超出預想之外的題目，卻回答不出來，那就糗大了，所以很多東西都不敢帶。

剛到海外的三個月，我真的不懂得怎麼開口說英文，很多話卡在嘴邊根本說不出口，想說的話無法俐落地表達出來，心裡實在很不痛快，所以我花了許多時間，卯起來看當地的電視台。即使沒有字幕，內容聽久了還是能聽出點概念，也漸漸熟悉了這個語言。

我想，對一個在國外的人而言，語言說穿了，就是攸關生存的工具罷了。只要能溝通，不論說的是不是「完全正確」的英文，好像也不是那麼重要。於是我開始放膽用我所知道的單字與他人對話，並且開心地發覺——即使我英文這麼破，對方還是能夠理解我的意思，所以後來的我變得自在不少，放寬心之後，生活變得海闊天空，也讓我結交了不少國際朋友。

但是，在海外當志工的生活，一開始並不是那麼地順利。因為一直在台灣的醫療體系工作，所以到第三世界的國家之後，看到太多的不同，讓我驚訝而費解。

就拿「無菌觀念」這件事來談。在臺灣，醫生進入了無菌區，戴好無菌手套之後，就會站到手術檯前執刀。但是這裡的醫生在戴完無菌手套後，竟然還在調整他的眼鏡和口罩，偶爾還會抓一下頭髮。

我看到後很不客氣地對他說：「脫掉你的手套！你的手套已經受到汙染，不再是無菌的狀態了！」

「喔。」醫生接過我遞給他的新手套。當他重新戴上手套後，下一秒他卻又摸了摸身旁的物品。

這行為實在讓我太傻眼了，不明白為什麼醫生這麼沒有無菌的概念！

來來回回折騰幾次後，他受不了地回我：「妳太嚴肅了。」

這句話從我來到國外後就不知聽過多少人這麼說，明明是他們連常識都要我提醒，卻總抱怨我嚴肅，這讓我心裡莫名的火大。加上有些事在我的認知應該是醫生要做，卻大部分都交由護理人員處理，如此權責不分，實在太不合理也太沒制度了！

我的暴躁脾氣，讓我只要看到不合理、不對勁的狀況就想發聲，不將事情矯正過來誓不罷休，所以我下定決心，要去申訴。

我把遇見的情況寫成一個書面稿，詳細記載我覺得這裡的醫療出了什麼問題、哪邊沒做好、哪裡需要改進等等的內容。我先去當地的衛生部抱怨，結束後還跑去大使館告「御狀」。

我告訴大使：「這裡的醫療環境太糟了，我要帶領大家改變，告訴他們正確的作法。所以我需要權力，請給我一個能夠去改變這個環境的職位，否則這裡會繼續爛下去，不會更好了。」

大使聽完我的「御狀」後，充滿關愛地對我說：「妳來多久了？妳瞭解這裡多少事情？妳懂每一個人的個性和他的習慣嗎？環境本來就是這個樣子，妳一個人無法改變一切。妳能做的事就是觀察，觀察現實的環境，同時考量他人的狀況，才能知道妳可以幫上什麼忙。」

大使雖然語氣溫和，但在我聽來就像對著滿腔熱情的我澆下一桶冷水，讓我皺起眉。

剛聽到時雖然不置可否，內心卻也不得不認同這是事實，幾個星期下來，較冷靜後，觀察再觀察，才驚覺自己實在太過衝動。

「天啊！我怎麼敢跑去跟人家要權力？沒被轟出來就該偷笑了，怎麼還敢想要一個職位！」我掩著面反省自己衝動的行為，冷靜後再想，或許大使只是要我站在他們的立場多想想，去理解這裡為什麼會有這樣的狀況。

我的確不瞭解別人的文化，雖然出發點是希望改善醫療環境，但在我未掌握當地的風俗民情之前，便以自己的經驗插手管理所有的事，一來就想改變他們的生活型態，或許真的太躁進了。

沒看清別人的需求就妄想改變對方，是會遭人討厭的。過去我也曾經有個空降的主管，一來就想大刀闊斧地改變環境，卻因為沒有瞭解我們的需求，所以無法做出我們認為對我們有幫助的事情。彼此互看不順眼一段時日，最後他選擇離開。

我決定用他們熟悉的模式和他們聊天，不是命令般地要求同事該怎麼做，而是謙卑地思考——為什麼這裡的環境是這樣？我放下高傲的自己，去傾聽他們的話語，去理解為什麼這邊的運作方式與我認知的這麼不同。

放下了，我才知道為什麼這邊的環境是這樣的。一開始我抱怨為什麼事情都是護理師在做，覺得醫生不負責任，卻沒想過其實是因為這裡的醫院並沒有本地的醫生，大都是來來去去的外國外聘人員，真正持續在這邊駐守的，只有護理人員，於是可以掌事的人也都是護理人員。

時間久了，我與大家漸漸變得熟悉，這裡的護理人員會調笑地回憶著剛來的時候一板一眼，甚至有些自以為是的我。

想起那時板著面孔的自己，我也覺得好笑，當初到底在堅持什麼？到底在不滿什麼？

但笑完後，我悚然一驚，如果不是曾被提點，或許我沒有機會改正我的錯誤，仔細想想，這是在這次海外志工的經驗中得到的一個很好的收穫。

當我在國外接到越洋電話，希望我回去接手加護病房的主管時，我欣然接受挑戰，本以為在海外充飽電的自己可以再度施展長才，但我的個性卻讓我慢慢不見容於團體，在某次的醫院評鑑裡，因為與院方理念並不契合，讓我挑戰體制的力量被誘發出來，自認為「眾人皆醉我獨醒」，我開始到處衝撞別人。

然而我像是困獸，怎麼衝、怎麼撞，依舊被困在體制牢籠中，找不到出口，只平添了不滿。

而除了工作的壓力，回到臺灣的我，又再度迎向與家人的衝突。在國外，我可以不管不顧，但是在臺灣，我與母親之間的心結又再度死死地抓著我，讓我幾乎無法呼吸。

我和母親之間一直以來都有著很嚴重的衝突，我曾對她這麼說：「妳讓我往東，我一定會往西，妳若要我死，我一定好好活著。」雖然這些話說得重，卻是我對母親不公平待遇的一種發洩。如果她不疼我，那我也不打算珍惜與她的關係。

對比在海外當志工的時候，現在的我有一份人人稱羨的工作，但我卻過得極度不開心。我開始不想上班，還曾經希望上班途中出了事故，因為這樣就有藉口不用那麼努力。堅持了半年後，我決定離開醫院。

然而若是沒來由地離開職場，心中總是不太能接受，我需要一個離職的理由。於是我詢問母親：「我能有一份養得活自己，且還算不錯的工作是不是讓妳覺得驕傲？」

母親回答：「是啊。當初只期待妳能畢業就好呢！」為了她這番話，我馬上去遞了辭呈，因為我不想讓母親感到光榮。

離職後我開始有了空閒時間，於是在朋友的引薦之下，開始到佛學讀書會學習。插班的我不知道前面談了什麼，整堂課滿滿的困惑，只有聽到四個字：觀功念恩。

這是出自日常老和尚的名言，看別人的功，別人不一定有好處，但自己一定有好處；看別人的過，別人不一定受害，自己一定受害。

我們的眼睛看出去，往往只看到別人的錯誤。就像行走在黑暗的道路，顧著低頭看腳底下是否有石頭，卻忘了只要一抬頭，就能看見整片閃爍的星光。

人的錯誤像是石頭，讓我們心心念念都在尋找，但其實美好的星光從未遠離過我們，如果能抬頭看向遠方，就會發現生命無限開闊，而世界上的美好也比我們想像得多。

課程結束後，想哭的衝動湧了上來，我一邊流著眼淚，一邊想到，母親也曾對我說：「別人講好的事情，妳總會把它想成壞的。」

我習慣了去看別人不好的地方，總覺得只有自己是對的，只要不合我意，就會擺出臭臉。現在想想，其實這樣的個性影響了我在職場的人際關係，同事不僅認為我難相處，甚至還有點害怕我。

記得有一次我與同事吵架，憤怒的他衝著我罵了句髒話，情緒上來的我也不想替對方留半分餘地，當著他的面便撥打了申訴專線控訴他，導致彼此的氣氛從此變得很糟糕。

以前我從不覺得這樣有什麼不好，學佛後明白，爭一時的對錯，對事情不一定有幫助，有時只是火上添油。因為明白這點，後來當我忍不住又想發動炮火時，我總會透過深呼吸讓自己的情緒緩和下來。

很難，但我儘量做到，因為我知道那是我能真正找回寧靜的途徑。

我學著改變自己的生活態度，也決定在工作上給自己再次挑戰的機會，曾有過的國際志工經歷讓我明白：比起在醫院中浮沉掙扎，或許成為一名無國界護理人員更適合我，也更能讓我奉獻自己的心力。

但想成為無國界護理人員也不容易，首先要跨越的基本門檻——語言，我便無法達成。我反覆研究著資料，發現如果護理人員有兩年的開刀房經驗，就可以彌補語言的短處。於是我重新回到醫院，開始在開刀房工作的日子。

當我踏入開刀房，首先感受到的是這個環境的冰冷與無情。

每個醫護人員帶著冷漠的表情完成手頭上的事務，而那些等待手術的病患，躺在病床上緊閉雙眼，掛著彷彿進到刑場一般的擔憂表情，等著被推入開刀房，送體內的疾病走上最後一程。

我認為，在開刀房中，心情最忐忑難安的，或許不是擔心被醫治失敗的病人，也不是承受最多壓力的醫生，而是戰戰兢兢擔心醫生心情不好的護理人員。尤其是看過醫生在開刀過程中感到不順時，放聲咆哮的情景的護理師，最容易在手術前夕心跳不已！

一想到那咆哮的聲音，就會讓我不禁縮起身子，想要抱頭逃竄……。

有時，我們遞錯器械，醫生還會把它丟回來，甚至會口出惡言罵道：「白癡，這都能拿錯！笨得要死！豬都比妳聰明！」每天必須承受這樣的言語暴力，讓我很不能接受。過往的工作經驗告訴我，我的能力應該是備受肯定的，怎麼會如此這般地被罵呢？

以前的我被罵了必定會反擊回去，要不就是喃喃念著：「我也是有自尊的。」或是嘟囔個一句：「小聲一點，我又沒有耳聾。」但寧靜的開刀房，幾乎連一根細針落地的聲音都可以聽得清晰，我的自言自語又怎麼可能避開醫生的耳朵？

這樣的反擊只是讓醫生更憤怒，對病人一點好處也沒有，而且，如果我是病人的話，看到主刀的醫生與護理人員這樣惡語相向，不知該有多麼驚恐！

所以我想起在佛法讀書會學到的——生氣想回嘴的時候，讓舌頭在嘴巴內繞七圈，停一下、靜一下，讓自己不要一直被情緒操控。就算被罵或被誤解時，我也試著深呼吸、儘量不回嘴，隨著一吸一吐的頻率，讓憤怒的感覺漸漸淡去。

開始學習不讓憤怒的情緒主宰自己後，我發現：其實沉默地觀察，讓我能更客觀地去看待為什麼醫生總是如此暴躁。因為他專注在病人身上，沒有辦法去關注其他人的情緒。

我曾跟過一檯食道癌的刀，螢幕上病人的動脈跳動著，而癌細胞就在跳動的主動脈旁，在那緊張的氣氛下，醫生必須藉由內視鏡慢慢地分開因為癌變沾黏的食道與動脈。不過幾毫米的距離，卻是生與死的界線，若是一不小心劃破動脈，一條生命也會因此消失了。

專注地看著醫生的動作，我可以感覺到他為生命付出、把別人生命扛在身上的那份沉重又溫暖的心意，或許他一切的暴躁，不過是源自於希望病人可以健康的心意。

我想，如果醫生承擔病人的生命，那就讓我來承擔醫生的壓力。

因為知道醫生承載著治癒病人生命的壓力，所以當他們因救治過程緊張而開始暴怒時，我不隨之起舞；相反的，我學著轉念，我改以謙虛、柔軟的語氣回應，不論罵或唸都把它當成一種學習，說著：「好，我會改進。」

長久下來，我發現被罵的次數減少了，以往護理師遞錯器械，醫生會直接丟過來，大罵：「妳不會觀察我的動作在幹嘛嗎？到底有沒有用心啊！」現在他會抬起頭看著我說：「不確定的話，下次問清楚。」

我知道，開刀房的氛圍漸漸地改變了。

在嘗試生氣的當下要閉嘴的同時，我也嘗試在某部分多嘴——就是感謝的時候。當時學習觀功念恩的感動依舊留在心頭，所以我學著感謝同事，試著找到他們的光芒，不要只是對他們感到生氣。我想，必須要學著看到他們內在的「星光」。

有一次，我對一位老是挑我毛病的同事說：「能和你一起工作是一件很幸福的事，因為你認真的態度以及和醫生間不需言語的默契，讓整個團隊像是被用心照顧著。」那時的他臉上線條變得柔和，似乎有著淡淡的微笑掛在臉上。看著他，那瞬間，流過我內心的，是深深的暖意。

我想，原來真實表達感謝一點也不難，而當我可以表達，我和其他人之間的關係就會更平和。

當我融入這個環境，我漸漸瞭解到是因為手術室的步調快得讓人無法思考，如果不是刻意練習，其實很容易忽略他人的情緒。我本以為大家冷漠、不關心病人，理解後知道，那是因為他們急著將事情完成。

要求忙進忙出的同事不要總是冷著一張臉是困難的，我決定從自身開始練習，練習微笑、練習溫柔地說話，一個人也好，只要先有人做出改變，或許環境也會漸漸的不一樣。隨著時間流逝，不知從什麼時候開始，周遭的氛圍沒有我一開始感受的那般冰冷，甚至好像能感受到醫療人員口罩下的表情帶著微笑的弧度。

開刀房的環境沒有變，醫院的人依舊忙碌而急促，但因為我的心改變了，所以遇到相同的情境時，我不再埋怨或憤怒，而能用平等且理解的心去看待。

相較於過去的自己，我看到了更多東西——那些曾被我視為理所當然而忽略的東西，在醫生、病患身上，也在我的家人身上。

改變對待同事態度的同時，我想起了母親。對待沒有血緣關係的外人，我可以忍住怒氣，甚至溫柔以待，但是面對與我最親近的母親，我卻總是冷著臉，用最尖銳的方式試圖傷害她、傷害自己。一切都是因為我覺得她不愛我，所以產生的報復心理。

但她真的不愛我嗎？

我想起小時候母親為我添光明燈的過往。每年到了要安太歲的時候，只要高雄有提供點燈服務的寺廟裡，幾乎都有我的生辰八字，雖然家裡三位小孩她都有登記添燈，但她獨獨為我額外祈求了健康和智慧。

以前只覺得：「點燈幹嘛？浪費錢。」現在卻發現，她年復一年的行動，其實是用自己的方式表達最深沉的愛。

想到學習佛法後，我可以看到同事的「星光」，卻好像從沒看過母親的「星光」。但其實，母親的光芒不是很明顯嗎？回顧日常瑣事，其實，她一直隱隱約約的在對我好，只是我以為她不在乎我。

就像母親很喜歡為我準備痲油雞，我卻總是嫌棄她，要她不要再煮了。「不是跟妳說我不要吃痲油雞嗎？為什麼一直煮？妳根本沒把我的話放在心裡嘛！」即使被我生氣地碎唸，她依然堅持料理這道食材，只因為她心裡認定這是好東西。

從來都是如此，她給我所有她認為對我好的事物，而我只覺得她在強迫我，要我做自己不喜歡的事。

她在家的時候，每次我下班回來餓了、累了，桌上都會有一碗玉米濃湯或藥膳湯，她說，是要讓我補身體。

有時候我會跟她說：「媽，我要喝精力湯，我想減肥。」她就會在準備精力湯的時候，偷偷在湯裡放入她從中藥房買來的補氣湯粉，只怕我營養不夠。

不論我想要什麼她都會努力滿足我，雖然她給我的不一定是我真的想要的，但是卻是她的心意。

我人生中第一間房子，也是母親存下了我一筆筆的孝親費，然後拿來協助我繳清房貸。

她的付出其實我都知道，我的冷漠只是不想讓她快樂。

但我真的不想她快樂嗎？

回過頭來看這一切，母親一直以她的方式愛著我。我以為自己是被冷落的孩子，所以特別沒有自信。但將所有的點點滴滴串起來看，就會發現自己其實是被呵護著長大的。

我選擇反抗、衝撞體制，背後最根本的原因，是我想要爭取注目。別人的掌聲、賦予的頭銜，擁有這些能夠讓我覺得自己好像沒有那麼糟。

我知道，我是愛著母親的。明明很愛她，心裡那道坎卻一直過不去，很想跟她討一個道歉，討一些關懷。

追根究柢，我只是希望母親愛我。

在我幾十年的生命裡，我總想討一個道歉，想對著母親大吼：「妳承認吧！因為我笨、考試總是考不好、身體又差，所以才不得妳疼。為什麼不乾脆承認妳不喜歡我？不直接說妳討厭我？」

我怨懟母親從不期待我，不給我高一點的標準好讓我覺得自己被看重。現在我卻覺得，是因為她最放心我，知道我不會討、不會吵、不會要，所以她給我的，是自由。

雖然我好像一直沒有得到我希望母親給我的東西，但不能否認的是，她內心仍是為我著想的。發現了這點之後，我慢慢地學著轉念，不要只是為了讓她不快樂而頂嘴，我想多看看母親的星光。小小的芥蒂還是藏在我心中，依舊偶爾不平，卻不再強烈地發作。

直到某一次載母親出門，在回程的路上，她突然跟我說：「妳小時候喔，真的讓我很操心，我對妳真的有比較那個……。」

「嗯，我知道。」我語氣平靜的回應，但其實，內心激動異常，因為我知道母親這是委婉的在道歉，對我內心憤恨而忌妒的一面道歉。以前我總覺得，只要妳承認，我就不會再折磨妳了。可是當她開口跟我講的那一刻，我忽然覺得，我曾在意的一切都不重要了。

因為沒什麼比「我愛她，而母親其實也愛我」來得重要。

母親曾說，這輩子她感到最痛苦的日子是她二十八歲的時候，那時因為家裡經濟壓力和她罹患乳癌開刀的事情，讓她無助地想從醫院高樓一躍而下，可是為了我們這些孩子，她選擇堅持活到現在。

直到長大，我才發覺她的功勞好多好多，而我卻忽略她太久。即使與母親和解，我對於她的關注卻遠遠不夠。

有天，她語帶平靜地對我說，醫生告訴她，她罹患嚴重的白內障，兩眼都必須開刀。

她的告知讓我湧現許多內疚，我終於明白愛乾淨的她為什麼任由廁所越來越髒，因為她眼裡有個黑影，所以她看不清楚眼前的髒東西。我一直都忽略了母親說她眼睛不舒服的話語，現在才明白，其實她一直在告訴我她生病了，只是我不管不顧。

我決定撥空回去陪母親動手術，我錯過了及早發現的時機，但我還來得及補救。

我想，每個進到開刀房的人一定都會感到不安，母親也是，躺在病床上的她臉上籠罩著擔憂。

還未來得及安慰她，母親的眼睛就被消毒水給刺痛，睜不開眼的她緊張地對我說：「阿又妳在哪裡？我什麼都看不到，妳要牽著我的手喔，要牽著喔！」

沒想到母親會這麼說的我，那一刻竟然猶豫了。從小我就很少與父母有親暱的行為，不論擁抱或牽手，這樣的肢體接觸幾乎都沒有過。所以面對母親突然的要求，我竟不知如何是好。

我沒有握住那雙手，我不敢。

這輩子我幫很多人推過輪椅，牽許多病人的手經歷人生最苦難的時候，可是面對最親近的母親，我發覺自己竟不敢牽起她的手，只覺得好尷尬。我總是自然地握住病人的雙手帶給他們勇氣，卻無法將同樣的勇氣傳遞給我的母親，那一瞬間我感到非常難過。

我偶爾會後悔，為什麼自己不敢上前呢？

看著自己的手，我知道遺憾不能再次發生，所以在她第二次開刀時，我主動牽起母親的手，跟她說：「媽，妳不用擔心喔，妳女兒在這裡，一直在這裡，直到手術完成我都會陪在妳身邊。」

我看見她逐漸舒緩的表情，我知道，那一刻是我跨出的第一步，讓我和母親距離更近的一步。

心境的轉變感覺很微妙。我放下一些執著，另一方面又拾獲了一些力量，獲得了比過去更重要的東西。我的人際關係和諧了；與家人和解了；也跟自己內心那個要不到糖的「我」和解了，我的人生好似又往前邁進了一大步。因為學習佛法，我更有勇氣面對家人；面對自己的工作；面對來來去去的患者，以及面對一切的生與死。

我開始新的練習，練習對父母關注，關注他們的身體和生活上的一切，然後我才驚覺：以前在我面前亭亭玉立的母親老了，總是背對著我翻炒著麻油雞的身影看來矮小而瘦弱。

父親也老了，膝蓋退化後的他再也不能爬到四樓去澆花了。看著他倆駝背的身影，我的腦海裡不禁浮現兒時的畫面——那時父親總愛帶著我去親戚家，不管到哪兒他都帶著我，有什麼東西也是第一個拿給我，三個孩子中他其實最疼我，但我都看不見，因為我只看到母親對我不好的一面。

以前我想當國際志工，因為不同文化的衝擊太美好，那是一種生命歷程的學習，藉由不同人、不同國家的生命歷程，我去體驗人生，體驗自己是被需要的快樂，然而內心仍有些空虛。直到我從佛法上學到新的思路，並經由過去的生命經驗來反思並驗證，漸漸地，改變了我與家人間的關係，自此，我才獲得了真正的自信、真正的滿足。

以前和母親相處總覺這裡缺少一點，那裡缺漏一些，等到和解之後才發覺——我想要的一切，其實都已經得到了。我可以不用再藉著當國際志工來自我實現，內心沉澱後領略到的才是真正重要的寶藏。

如果有人問我：「什麼時候再出國，再去國外擔任國際志工？」我想，應該不會再出去了。

我逃了好久，回過頭來看著父母年邁的背影，或許我應該暫且把夢想擱在一旁！也許我這一輩子不會再去當國際志工，但是它會一直放在我的心裡。

在父母剩下的生命裡，我覺得自己有必要陪伴他們，如同他們一路以來所做的，因為我也是個被他們呵護長大的孩子。

在惡、霧、悟之間

滾燙叛逆的血液依然流淌，
但它化成另一股溫熱，
試圖將暖意送給那些曾經被傷害過的、
痛苦的心……。

黃一馨

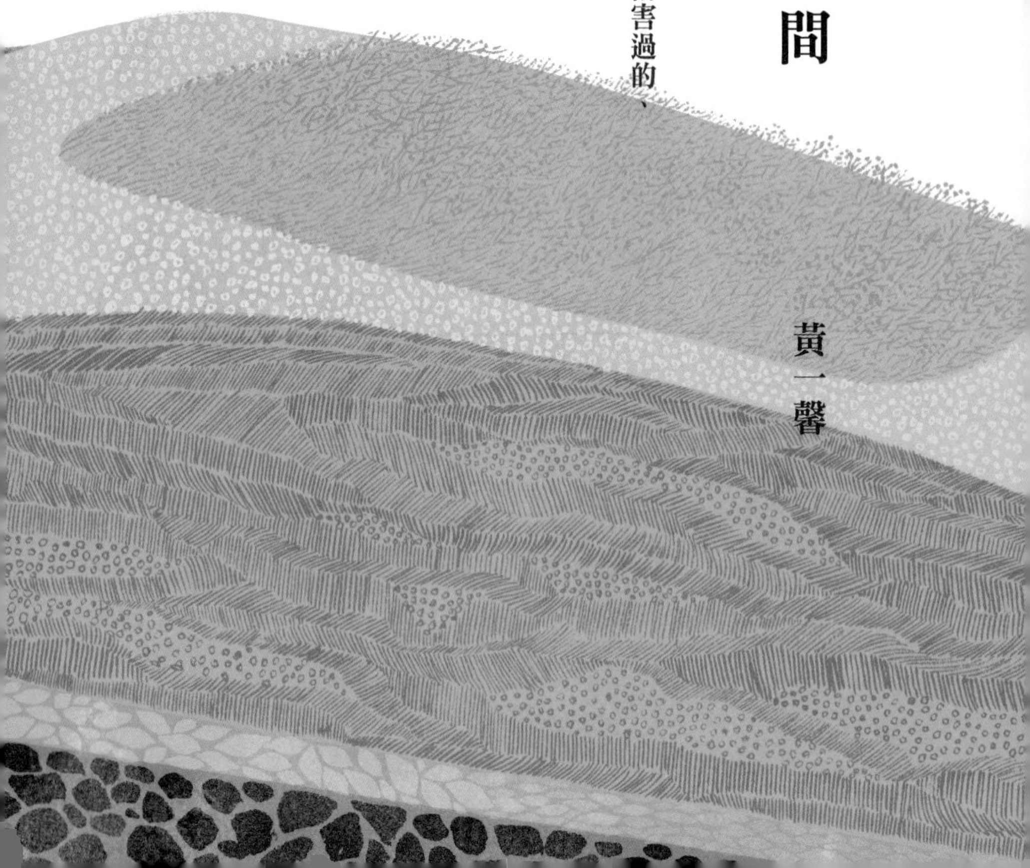

從未想過，會有這麼一天，能站在台前，注視著台下一雙雙來自受刑人的渴望眼神，和他們分享著那些關於生命的故事，更沒想過這些故事可以與他們產生共鳴。

曾經，我仗著年少狂妄，在歧路上橫衝直撞。來到現在這個位置，這條路我走得曲折，待停下腳步回望的那一刻，一路跌跌撞撞的我才明白前行的真正方向。

披上黑色長袍，步上法庭，眼前一名少年站在應訊席位，昂著桀驁的臉龐和我對望。儘管用倔強武裝自己，也藏不住這個年齡的青澀。

少年生長在隔代教養的家庭，疼愛孫子的奶奶只要孫子開口，便任由他予取予求。對少年而言，既然想要的東西都能索討，家裡似乎也沒什麼久待的理由。在外遊蕩成為打發漫漫時光的手段。這個年輕的生命漫無目的或走或待，在這混沌的過程，誤觸了法網。

看著被帶上法庭的他，坐在法官席上的我不禁憶起年少時的自己，那時也曾逞著一份不安於世的心，在生命的路途上闖蕩。

我想，我的血液中存著叛逆，只是現在它不再滾燙傷人，而是化為另一股溫熱，求那一絲暖意能傳達出去。

自幼我便生活在淳樸的鄉間，是家中第八個出生的孩子。那個時代父母領著一家十幾口，同棲一座屋簷下的大家庭，是最常見的家庭型態。雖說人多熱鬧，但家裡務農，工作繁忙，所以身為老么的我只有與幾位年歲相仿的鄰居朋友親近。

「欸，走吧！一起去玩！」聽到朋友的吆喝聲，我一顆心早就按捺不住得雀躍。

「好！馬上來。」幾乎是一答完話，我的腳就跨過木檻，三步併作兩步，我帶上寶貝的尪仔標直奔同伴。

在炎熱的夏季，我會和朋友們蹲在田埂邊，有時找尋青蛙的身影，有時追逐著低飛的蜻蜓，迎面的風交織我們的笑語，愉快而明朗。

偌大的空地是進行尪仔標競賽的最佳擂台。

「看我的！」我瞄準好同伴放在地上那張閃亮的牌，高舉手臂，屏住氣息，將全部力道集中在手心上，奮力一擲！

「哈！是我的了。」掙得新紙牌的人，興致高昂，心中滿是成就感。牌局一場接一場，手上的尪仔標不斷抽換，直到聽見同伴的母親喊著：「回來吃飯啦！」大家才猛地抬頭。

驚覺天邊的雲彩早已染上橘紅，我立馬拾起地上的牌，拔腿狂奔，揚起陣陣飛砂，就怕趕不及在父母回來前進到家門。

瓦厝的燈已亮起，夜幕低垂。我朝屋內探了探，試著放輕所有動作，想像自己是隻貓，可以輕巧地不引起任何注意。提起腳尖，準備踩入客廳地板的瞬間——「玩到這時候才知道要回來？」

低沉的聲音從客廳傳來，語氣透露不容違逆的權威，我抬頭一看，見到父親嚴肅的臉孔。

「給我跪下！」父親對著我怒吼，被他嚴厲的聲音嚇到，顫抖不已的我乖順地跪在神明桌前。

「為什麼這麼晚回家！你知不知道現在幾點了？」沒給我辯解的時間，父親抄起藤條就打。幾乎是語音一落，我身上便多了道傷痕。

「整天就只知道玩！」父親一邊打一邊罵，藤條抽在身上，帶來滾燙的感覺，豆大的淚珠在眼眶滾動。好強的我不甘心，為了不發出哭聲，只得雙手緊扯著褲縫，在心裡無盡地埋怨。

接受傳統日本教育的父親，平日裡不苟言笑，教導我們這群孩子，藤條抽動的次數總是比平心靜氣說話的次數要多得多。偏偏我學不乖，闖禍搗蛋從未少過，處處在挑戰父親的極限，或許，某種程度是因為內心深處的我並不想就這麼讓他順心。

上了國小之後，我並沒有因為年齡的成長而變得乖巧，反而變本加厲。尤其當我看到住在同一村莊的班導師平常也會喝酒、賭博，半分都無法讓人尊敬，就更不想聽他的話。因此每次老師要我們寫作業，遵守校規的時候，我心裡就會想：「那你呢？」完全沒有照著做的打算。

小五開始，我幾乎沒有參加過升旗典禮，總是背著書包進到學校之後，便將書包隨手一扔，跑到鄰近的小廣場玩耍。直到聽見鐘響，才攀著學校的圍牆，一把蹬上，再跳下，自然地混入人群中，像是一直都在原地聆聽著無聊的典禮訓話。

等我升上國中二年級之後，在走廊被師長追逐的模樣，早已是校園中見怪不怪的景象。

「別跑，站住！」聽見後方傳來呼喊的我，用手撥開擋在前方的同學，越過枝葉茂盛的花圃，快速逃竄。等拉開了足夠距離，我回頭張望，只見老師上氣不接下氣地奔跑著。看著師長的拚命，我略略減緩速度，嘴角忍不住掛著得意的笑。

在學校的風光事蹟，不用我多做宣傳，父母也能從附近的談論中略知一二。每每結束學校課程回到家中，迎接我入門的便是父親的斥責：「為什麼總是講不聽？叫你讀書是讀到哪裡去了？今天不好好教訓你，我看你永遠學不乖！」父親面色凝重，語氣越來越激動，一如往常地抄起一旁的藤條想直接「打醒」我。

「為何凡事都得順著你們的意思？難道安安分分地坐在教室，課本寫得密密麻麻才叫學習？」藤條抽在身上，父母責怪我任性頂撞，我卻逕自倔強著。

我和家人的相處並不融洽。也許是因為剛好介於想法的轉變期，凡事都想要爭取，加上衝動易怒的個性，使得家裡經常上演大戰。總是父親教訓一句，我便頂撞一句，狂妄不加修飾的語氣，使得父親被惹得大動肝火。

雖然同住一個屋簷，但幾乎每日都在爭吵，平心靜氣已是不易，更遑論要來場父子之間的溫馨談話。心中那股不平的情緒持續作用，我和父親的僵局就這麼持續著。

渾渾噩噩地過著日子，直到時間悄無聲息地推進到國中畢業前。

「再來要讀哪裡？」某一天，這個現實的問題浮現在我的腦海。為了前程，我開始想要好好用功，但父親和我總是一見面就吵，書本還沒翻開，倒是已來回對峙了好幾場。因為待在家裡沒辦法讀書，於是，我連忙向同村庄的國小同學求助，硬是在他家讀了二個月的書。

結果，我考取最後順位的省立高中，不算是很好的結果，但想想別人苦拚三年的課業，我只用了一、兩個月的功夫，就有這個成績，應該要偷笑了！

然而，我對學業的韌性彷彿橡皮筋因久繃而疲乏。十六、七歲的青春，我用盡力氣去玩耍，任何感興趣的活動，總是抓緊時機參與，卻沒多費心思在課業上。

一天一天，我揮霍著高中的歲月，任憑滿腔的熱血化作音符，恣意潑灑，譜寫出一曲無序的青春樂章。

樂音持續蕩漾，直到我往平靜的水面投下那塊石子，「咚」的一聲，一切戛然而止。

「我要去讀軍校！」那一日，我理直氣壯地向父母說出了早已做好的決定，沒有商量，僅是一個字一個字緩緩地報告。

「你在說什麼？不是一直叫你要考大學，阿爸阿母的話，現在是都不用聽了嗎？」父親的臉孔因憤怒而扭曲，我卻一臉不以為意。自從自己越長越大，身體變得強壯之後，曾經看來高大不可撼動的父親，再也不足為懼。

從小父親便將所有的盼望放在我身上，只因我雖然對課業不感興趣，但國小的幾次測驗，都還是考了不錯的成績。於是八個兄弟姐妹裡，排行最小的我被要求背負起前面哥哥姐姐所沒達成的期望。他們擅自將我定位成會讀書的孩子，希望我能夠考上大學，光宗耀祖。

「你要努力讀書考大學，知道嗎？」父親總訓斥我要努力，不聽話便是一頓罵、一頓打。讓心裡也覺得應該上大學的我，不甘就這樣聽從安排，認為對父親的最佳反擊就是唱反調。

抱持著之後還有機會回頭讀的心態，我倔強著不妥協。一番激烈爭吵後，軍校的入學通知書寄到了家裡。

離開家中，以為迎接我的會是自由，然而，到軍校就讀不過是短暫的換場罷了。雖然不用總和父親上演爭吵的戲碼，但軍中的生活也不如想像般輕鬆，而我好勇鬥狠的個性，在嚴謹的軍校，更是難以被接受。

軍中高壓的生活，讓我堅持七、八個月後，就再也受不了地提出退學申請。回首在就讀軍校前後心態的起伏落差，說出要退學話語的剎那，當初的自己似乎變得可笑至極。

一貫嚴肅的父親聽完我的決定後，出乎意料地，僅是不發一語地幫我善後，完成了相關的手續。

結束在軍校的日子，市區街頭依舊繁榮喧囂。記得踏入軍校校門時，打定主意要靠自己的能力養活自己，認為從軍便能有固定俸祿，不必憂愁經濟來源，不用向父母伸手拿錢。

此刻，拖著腳步，獨自一人走在街道上，像艘船在社會大海中載沉載浮，失去原本想航行的方向，此時的我，心中是茫然，是愧疚。

「不然去補習？好好讀書考大學。」父親難得平靜地提出了建議。自軍校休學後，他認為這是個重拾書本的機會，讓我到補習班讀書，畢竟，中斷的學業終歸是要補上的。

「既然還沒有主意，不如就先聽阿爸的，到補習班去吧！」我懷抱著姑且一試的心態，到北部去上補習班。打起精神專注地上了一陣子的課程，重新回歸國、英、數、公民道德等等科目的懷抱，紮實地加強基本觀念。但還未迎接大學聯考，我卻又再次為讀書這條路畫下休止符。

剛開始，步入坐著滿滿補習學員的課堂，對學習還抱有一點興趣。我每天固定到補習班報到，規律的生活和一般在學校上課的學生沒有什麼差別，直到補習的費用明細單出現，我的反感又再度升起。

「這下子又得動到阿爸阿母他們的錢了！」當初之所以想離開家，除了因為跟父親的爭吵，還有一部分原因就是厭煩家裡母親與大嫂，常為了錢的問題爭吵。那時我便打定主意，等有能力時一定要獨立，憑本事養活自己。

然而與原先所想的狀態不同，如今我非但沒能自給自足，反倒需要家裡供應學費，一股莫名的煩躁與厭惡感彷彿一股漩渦將我困住，而我只能消沉地越陷越深，不願用父母的錢上課的念頭一天天地強烈了起來。

背起書包，前往補習班上課，看著補習街上擁擠的人潮，我面無表情地走上階梯，不發一語地走到固定的座位。

攤開書本，不斷搖著筆桿，看著滿滿字跡的黑板，我的腦袋裡思索著的不是前一分鐘師長所教授的內容，也不是練習題如何解，而是盤旋著「不想向家裡拿錢上課」的想法。都到了這個年紀，還得讓父母來支付學費，這聽來多麼刺耳。

發現我沒辦法繼續心安理得地念下去，在持續二到三個月的補習生涯後，我決定逃離父母所鋪設的道路。在課堂中間的下課時分，我闔上課本，不發一語地推開補習班的大門，面無表情地轉身下樓。

看著逐漸散去的人群，背起行囊，從小反骨的我，決定展開流浪的生活——要靠自己的力量養活自己。

看似帥氣瀟灑地踏上旅程，過程卻是用一滴滴的汗水走出來的。拿著高中的學歷，我嘗試各種工作。先是在一家工廠擔任作業員，執行不斷重複的步驟。每日結束工作後，往往疲憊不堪，薪水卻十分微薄。

後來，我嘗試到貨運行當搬運工，有時欠缺人手或同事請假時，還要跟車在高速公路上南北跑，到各站去搬運貨物，晚上常常沒辦法睡好。桀驁不馴、劣根性強的我，也曾有在向人問路時，覺得對方回答時態度不佳，而毆打對方的惡劣事蹟。

另一方面，由於長期缺課，補習班向父母撥打了電話。經過家人一段期間的尋訪，被大哥偶然發現我工作的地點，父親因此特地北上，到我工作的地點對我訓斥：「叫你讀書，你跑來做工。別再想那些有的沒的，回去讀書吧！」

雖然跟父親短暫回家，但我不想妥協，索性再次出走。我心想「既然在陸地工作，他們隨時可以找到我，不如試試登船出海，讓他們就算想要把我抓回去也沒辦法。」我找到了船員的工作，開始與海為伍。

以為大海的深沉能夠平緩前段日子裡的庸庸碌碌，沒想到迎來另一波猛烈的浪。

船公司從事近海捕撈的業務，一趟出海大約三個月。第一趟是到北海道附近抓魷魚，運氣卻不太好，在作業期間遇上颱風來攪局，使船身受損，最後不得不空手而歸。

第二趟出航，我們前往印尼外海的北赤道洋流，目標是鯊魚和一般魚類。我們在晴朗的日子出航，日光灑落在湛藍且閃爍光芒的海面，微風輕拂，船身隨著波濤微微搖晃著，一切都像是在宣告著這次的出航將能贏來豐收的漁獲。

探查風向，搜尋魚場，待船長一聲令下，我們向海面撒下了網。經過一段時間的耐心等候，準備收網時，沉甸甸的重量，從網繩直傳到手心。

「嘿咻！」奮力一拉，拖上船的網子裡是滿滿的魚，船上的同伴們無不高聲歡呼，因日曬而顯得黝黑的十幾張臉龐上全是燦爛的笑顏，大豐收啊！

這趟出海，讓我們滿載兩百公噸的漁貨，這樣豐收的日子，實在值得慶賀。船長看了看鄰近還有許多艘來自台灣的船隻。同為討海人都知道捕魚生活的不容易，自然多了分惺惺相惜的情感。他拿起聯絡用對講機邀請附近的船隻們一同慶祝。

大家聚攏後，我們將幾艘船綁在一塊兒，一同到船艙喝酒，慶賀這令人愉悅的豐收之日。

那一夜，月亮如同我們出航那日，溫煦地透著光芒，墨藍色的海面被灑上一層淡淡的銀白。海潮聲規律地傳來，海風涼爽，夜色降臨的海面，像是回應月色的皎潔一般，點點漁船燈火亮起，船艙內洋溢著我們這群討海男兒的暢談歡語。

有的人喝得盡興，迷迷糊糊便睡著了；有的人喝到天亮，一整夜都沉浸在豐收的喜悅中。

清晨，我和幾個同伴打算上甲板活動筋骨。第一個同伴慢慢地走上船板，我跟在後頭，看到他大大地伸著懶腰，舉到半空的手定在原處。

我笑他：「難不成喝太多？懶腰都不會伸啦？」

等到我上船板一看，一層陰影罩在後方，赫然發現船尾巴後有一艘印尼軍艦，看著來者不善。從未料想到的發展，讓我們原先還朦朧的眼神，在這一刻全清醒了過來。我們是越界捕魚，看到軍艦出現在視野裡，心裡的警報早已拉響，緊張讓心劇烈地跳動著，這時不知道是誰，高聲吆喝還在飲酒或睡夢中的船員們，原來充滿歡欣的氣氛，頓時變得慌亂吵雜。我知道大事不妙了！

「快一點！開船！」船長急發出指令，我們連忙發動引擎。

瞧見越界的船隻想逃跑，印尼軍艦立馬廣播喝止我們的行動。儘管聽不懂他們的語言，也能從音調起伏中聽出強烈的警告，另外兩艘船被這聲嚇阻，嚇得停下動作。

這緊張的時刻，我們是該停下就範？還是掙扎逃出？船員紛紛看向船長，等候著他的指令。船長回頭看著滿船的漁獲，表情糾結，隨後他將眼神回望我們，大家一瞬間有了共識。

辛苦了大半時間才捕捉到這麼多魚，整整兩百噸，怎麼甘心拱手讓印尼政府全部收走？想著印尼軍艦還要先處理停下的兩艘漁船，也許會花費一點時間。我們心一橫，決定不理會那一聲聲從後方傳來的威嚇，催緊油門，朝向前方駛去。

船長擬定了策略，要從鄰海逃到公海，只要進入公海，就算是印尼政府出動也拿我們沒轍。奈何，印尼軍艦似乎也深知船夫們逃跑時慣用的小心機，沿途緊跟著我們，一在前面跑，一在後頭追，始終甩不開。追到較近的距離時，艦上的人員便朝我們喊話，要我們不能跑，我們哪裡肯乖乖就範，繼續逃跑才是上策。

艦方人員看出我們沒那麼容易屈服，漁船才剛往前移動，他們就祭出大砲，砲彈落在漁船的前後幾十公尺的海面。這下可不妙，弄得不好，小命，得搭進去。船長也明白已經不能再賭那微小的生機，最終，我們將船停了下來。

印尼軍方將船艦駛近漁船，停靠在旁，船體龐大的軍艦帶來十足的壓迫感。放下了小艇，走上船的士兵們各個都配帶著槍枝，神情凶狠。也許是要先來個下馬威，他們一上船便先提起手上的步槍往漁船的船板發射了好幾顆子彈，警告意味濃厚。

我們嘗試張口解釋，但從那群士兵的眼裡只能看到嚴厲的威嚇，緊張的氛圍充斥在船板。

被步槍口直對著，只得順從地任他們把我們的雙手綁在身後，蠻橫的力道將繩子拉得緊實，手腕被綁得生疼。沒讓我們有喘息的空檔，無預警地，身後猛地一記重擊，隨後是一陣拳打腳踢，我們一個個因為重心不穩而摔倒在地。

陽光炙熱，將甲板曬得滾燙，倒下的身體碰到後直感燒痛，我嘗試將背部挺起減少接觸到甲板的面積，卻又一次次被打趴在地，甚至被殘暴地踩踏。不記得在那個灼燒的甲板上，我們究竟度過了多少時間？

拖著狼狽不堪的身軀，在步槍的脅迫下，我們循著無法理解的語言指令，被押送至印尼當地的移民署。他們扣押了滿載的漁貨，甚至連船隻也被沒收。雖然心中滿是不捨與氣憤，但也只能接受。不知有多少日子，我被關在那個防止逃跑的窄小房室裡，和同伴們盼著被釋放。海的味道隱隱地還在附近，但重新見到海的那一刻還要多久呢？

幾個月後，我們才被漁船公司拿錢贖回。

跑船的日子，我沒有跟家裡提及，本是盤算著出海一趟大約二、三個月，掙一筆收入就能回家安穩地吃頓年夜飯，待徵召單來，便入伍受訓。然而，事情的計畫總是趕不上變化，誰能料到，此次竟遭印尼扣押。

被扣押在印尼時，分外寂靜的夜晚，總會忍不住想著：「這個時候應該要圍坐在餐桌，感受濃厚的過節氣氛。這趟出航怎麼會變成這樣？」

抱持著「至少得報個平安吧！」的想法，我罕見地提筆寫信回家，簡略地告訴他們我目前被扣留在印尼的狀況。恰好徵召的兵單也在這時期寄到了家裡，應該要報到的人，單位卻怎麼也等不到，多虧父親拿著信去幫忙辦理緩徵，才沒被通緝。

孤身在外，自詡是為了闖蕩，如今竟落得這般境地。明明打定主意不想讓父母幫忙的，卻仍是麻煩了他們。

平安返回台灣之後，踏入家門，父母的表情盡是無奈，簡單交代幾句便不再多說，我只慶幸自己有寫信回來，不致於被冠上逃兵的罪名。在家停留兩個星期後，我便入伍了。

回臺後入伍受新生訓練時，連上長官建議我們可以轉服四年半的預備士官。因為抽到役期三年的陸軍第一特種兵，再加上想要存一些錢，所以我不顧父母的反對，轉服預備士官志願役。

但在士校受訓時，長官高呼著「合理的要求是訓練，不合理的要求叫磨練」的口號，要求我們執行各種無理的要求。比如放假回來的收心操，口令下達後得快速著裝，馬上轉移到草坪集合，接著繞營房和營舍跑上好幾圈，最後回到原點時，班長會抓落後的某幾個人，額外再進行「收心」的任務。

還常沒有預警，就直接衝進宿舍下達各項指令，他們卻不斷強調這些都是為了磨練我們的服從性。碰上這般莫名的管教方式，我是再也忍不住了。

某次打靶時，我對班長的教育方式很是不服。荷彈上膛的槍，本該瞄準前方的靶，我卻反而將射擊目標轉向班長，槍口直盯盯地對著他。這個十足挑釁的動作，讓現場氣氛一觸即發，還好僅存的一絲理智將我拉著，讓我沒有扣下板機。

情緒支配了我的行動，憤怒的當下，我完全無法設想可能產生的後果。叛逆之血沸騰，不計代價地潑灑，粗魯而蠻橫。

細數日子，退伍之後輾轉又度過了兩個多年頭，我邁入二十八歲，當時我在工廠當警衛。有天，我和姐姐相約在台北街頭碰面吃晚餐。因為搭的公車太早到了，我站在附近的速食餐廳前等待。正是多雨的時節，外頭顆顆豆大的雨點肆意地落在這座城市，那是個讓人覺得十分寒冷的冬季。

從騎樓的柱子望去，傍晚時分，熙熙攘攘的台大校園前走著的全是大學生，或三五成群，或兩兩並進，或一人漫步。獨自看著來往的人潮，我不禁問了自己：「我現在到底在做些什麼？」

高中畢業至今，已是十年的流轉。闖蕩漂泊十年的歲月時光，莽撞衝動的我因為壞脾氣而付出了多少代價？當初反骨地故意選擇和父母意見相左的路，那麼，接下來呢？該如何走？

吃完飯的那一夜，回到房裡，躺在床上，盯著天花板，耳畔傳來工廠風扇轉動的聲響，雨滴不斷敲打在雨棚鼓譟我的心。

閉上眼睛我問自己：「遺憾嗎？」若是當初不要僅為讓父母不能如願，而血氣方剛地出去闖，今日的我，會不會有所不同？漫步在校園的那些學生中，會不會有一個是屬於我的身影？

房間依舊沉默，雨不曉得在何時已經停歇，只聽見那台舊電扇繼續吹送，但風似乎跟著灑進的月光明亮了整個房間。**那一刻，我決定給自己的生命一個交代——重考讀大學。**

為了投入報考大學的準備，我辭去要輪班的工廠警衛工作，找了一個校車司機的職務，想一邊工作，一邊準備考試。但校車司機的工作壓力大，且不是只駕駛校車而已，還要幫忙一些學校的雜務，沒有時間可以念書，只好辭去這個工作，回到美濃老家。思考要報名哪項科系時，想起當初就讀國中時，父親曾和鄰居有過土地糾紛，甚至為此發生肢體衝突，最後相互提告傷害。

「他們真的太超過了！怎會有人這樣霸道？法律不是應該要保護我們這些樸實的老百姓？怎麼反而讓他們這麼囂張！」當時他對於判決的結果很是不滿，父親深覺自己受到了迫害，是司法的犧牲品。他憤憤不平地控訴著鄰居的不是，而那些畫面鮮明地在腦海出現。

加上我曾任職過工廠的警衛，當時的同事對於出入需要搜查私人物品的要求有許多抱怨與不滿。出於禮貌我總會先開口提醒：「麻煩打開你的包包讓我們檢查。」

沒料想同事卻直接拉下臉回嗆：「你憑什麼？有哪條法律規定，員工進出一定要經過你的檢查？」說明是上級所交辦的工作內容，他才心不甘情不願地打開攜帶的包接受檢查。

這些不愉快的經驗，以及內心對於「我到底有沒有權利檢查同事包包」的疑慮，促使我決定投考法律系，想要釐清內心的疑惑。

算算日子，距離考試剩下大約三個月的時間。時隔許久再次重拾書本，自然十分陌生，再加上從前國高中的學業大多是隨意應付，因此許多內容都得重打基礎。我計算投資報酬率、分析自己擅長與較弱的科目。思考短時間該如何衝刺才能得到最高成效？

語文不是我的拿手項目，且難以在短時間內提升，得先果斷放棄。高中時期，雖然對讀書興趣缺缺，但數學這一科，反倒能很快掌握要領，考的成績也都有不錯的表現，應該加以把握。

既已確定前進的方向，我開始著手進行規劃，語文放棄，任憑實力發揮；數學練習歷屆考古題，拿個基本分應該不難；另外三科，歷史、地理、三民主義，臨時抱佛腳應該還是能有些成效的，再加上退伍軍人的加重計分，我預估自己的成績應可超過四百分，剛好能叩入台大校園的門檻。

再度扮演學生的角色，實在不易。平均一天需要十到十二小時專注在讀書上，我又常和父親發生口角，因此堅持不到一個月又想再次做個「逃兵」。後來，母親帶著我去和二姐同住，才使我不至於放棄。在姐姐和姐夫的照顧下，三個月的時間我都待在彰化拚命準備。

讀書從來就不輕鬆，尤其長時間沒有接觸，從未好好準備過考試，現在要集中在這三個月內重溫概念，並能夠熟悉運用，過程中難免疲累煩躁。這時我便一次又一次在心中說著：「給自己一個機會！」

抱著姑且一試的心情，實是背水一戰。這是我給自己唯一的機會，不去想沒考上的結果，我將全副心力投入，只為了給自己一個交代，一個絕不悔恨的交代。

幸運地，我考上了台大法律系夜間部，由於明白這個成果得之不易，我十分把握且珍惜大學的生活。儘管有許多要理解的條文規章，但研讀法律的過程我不曾覺得無聊。因為對知識的渴望，讓我奮不顧身地栽入法律的世界，決心要將它讀懂。

早上八點，抱起堆疊的書籍到圖書館研讀，傍晚時分便到操場運動，晚上依循課表認真上課，這樣規律充實的生活，是我這十幾年來最為安定、幸福的時刻。

就讀大學期間，我養成了每日閱讀報紙的習慣。有一天在我看完某則報導後，不自覺地握緊拳頭。「這真是太誇張了！怎麼會有這樣的規定！」坐在書桌前，我再也無法翻看後方的版面。

腦中盤旋著那則令人氣惱的內容，心裡盛怒地走過一圈又一圈的校園，時間已經過四、五個小時，我發現自己仍陷在情緒中無法逃脫。直到我走到了操場，在跑道上奮力地奔馳，流了滿身大汗，才稍稍消減這股怒氣。

「為什麼我總是會因為一些小事就如此氣憤？」雖然注意到自己容易生氣，然而我卻不曉得該如何改變。這些負面的情緒不時在我的生活中擾亂原先的平穩節奏。

畢業那年我通過了律師高考，翌年也順利考上司法官特考，然後被分發到雲林地院服務。

在雲林服務的期間，某位庭長邀約我去參與佛法讀書會，起先我不以為意。許是天真，許是狂傲，就讀大學時，我偶然接觸過關於佛教的書籍，便自覺自己對於佛法早已瞭解，認為「不就是常見的斷、滅、空那些虛無的概念嗎？」

後來，因盛情難卻，且研討地點在工作場所附近，內心想著：「看看你們究竟能說出什麼內容？」抱持著姑且看看，半摻雜著去踢館的心態答應參加。

但沒想到在這裡，卻讓我有機會面對、思考很多未曾思考過的生命問題，探究如海洋般深廣無涯的道理，讓我的認知豐富了許多，生命因而轉彎，找到它應有的價值及方向。

在法庭上不容撼動的審判者形象，是由開庭前詳細閱讀案卷、分析法律意見、查詢案件相關的專業資料等功夫所建立起來的。業務的繁忙，使我常常需要加班，儘管想早些讓工作告一段落，卻無法整天集中心力。揉著因長時間思考而隱隱發疼的眉心，我的目光移到放置在矮櫃上的數十卷卡帶。

那是當時答應庭長加入佛法讀書會後，從他那收到的。我起身將卡帶放入收音機，按下播放鍵，閉上因為長時間注視卷宗而痠疼的眼睛，聆聽著錄音內容。日常老和尚的聲音娓娓地自收音機傳出，和緩從容，卻傳遞著無限的慈悲與堅定。

聽到一些曾在書籍上看過的關鍵詞語，逕自想著「不就是這樣」時，常會聽到與認知不同的內涵闡述。好奇心地驅使，讓我有繼續往下聽的動力。

而從聽到「念死無常」的章節後，我聽得更加勤快。

念死無常的意思大抵是：因為不知道自己何時會死，所以我們要懂得更珍惜現在，加以反思能做哪些更有意義或值得做的事。在法院工作的時候，常會辦理車禍相關訴訟，更能感受生命的無常。一群人前一晚還在狂歡，卻在興致高昂的情況，酒後駕駛而導致憾事發生。

幾年後，我得知大哥罹患鼻咽癌，發現時已是末期，經過化療也不見好轉。看著日漸消瘦且鬱鬱寡歡的兄長，雖然心疼，卻也因無法給予任何幫助而感到無奈。驅車回南部的路上，一個問題盤踞在我的腦海，「若今天是我罹癌，生命被宣告即將走向最終章，在這世上有什麼是我放心不下的事情？」

身旁的景物隨著車子移動，停留窗前的時間不過一瞬，思緒隨著來往的車輛與行人，不停在轉移。細細思量，這不就是「念死無常」的課題嗎？對於自己「生命即將結束」並沒有遺憾，因為這並不是我能夠決定的。

但，一股懊悔湧上心頭，我想起那些曾經因為自己的壞脾氣而受到傷害的人，懊悔當初的無知及恣意。也對於我的下一生，是否會重演我這半生的生命軌跡而感到恐懼。

剛開始到法院工作時，我像隻刺蝟，武裝著自己，處處防備，常看同事不順眼，總是無形中刺傷他人，對許多事也都斤斤計較，甚至管控不了自己的情緒，直接在法庭上責罵當事人。對那時的我來說，擔任法官需要背負起的龐大壓力，常使我煩躁、焦慮。

直到持續學習佛法之後，我開始去改變自己——調心。

我想，這些負擔既然是來自案件，便應該努力結案。我也理解到其實這些心裡的煩悶不適，真正的來源是我內心對這些案件的看法，才會導致這些負面情緒的產生。我應該調整心態，重新再審視。

嘗試改變後，法官的工作於我而言，已不再是一個「苦」字。我想，那些立於庭下的當事人，是在用他的生命、自由、財產、名譽作為代價，使我們學習成長，所以我應更懂得感恩。

從前在法庭上，有過一次經驗。是審理一件關於賄選的案件，因為希望先把當事人的事實爭論點及證據釐清，所以先定了一次一小時的準備程序。結果被告遲到了整整五十分鐘才現身，來時滿臉通紅，渾身散發著濃濃酒氣。因為他晚來的緣故，可能連帶影響後面案件的審理時間，當下我非常憤怒，破口大罵：「你怎麼可以這樣子搞？」

但罵出第一句話之後，我就後悔了，因為我意識到自己被情緒所役使，而憤怒無法解決問題，只會讓事情更複雜。所以我馬上修正原先那暴戾的語氣。

「嗯……對不起，剛剛說話太大聲了。我們原定九點開庭，可是因為你較晚才來，下一個案件的審理時間已經到了，這一件我沒有辦法繼續審理，所以我們需要改期。」

結束當天早上的審判行程，我不禁反思，若換做以前的我，一定無法控制心中那股憤怒，也許下一秒便會直接把卷宗砸向當事人，任憑這股情緒將事情導向更糟的境地。今日法庭上的表現雖不滿意，但我已懂得察覺自己的情緒並加以控管，能夠有這樣的轉變，已經是很大的進步！

接觸過一樁案件：被告男子與女友同居，那一日，女友因故要離開他，當收拾好物品準備要離開時，他不願女友就這麼拋下自己，於是拿出銳利的刀具刺向女友的背。插刺的位置恰好落於肝臟，從她的體內溢出了大量的鮮血，將地板染紅一片。男子鬆開原先緊握刀具的手，看向倒在血泊內面色蒼白的女友，才回過神來。他害怕地拿起電話，叫救護車將被害人送往醫院急救。

審判過程被告滿是後悔，因事證明確，依循程序進行判決，事件很快便落幕了。在自己未學習佛法以前，也是如他這般容易生氣，任憑憤怒控制自己的身心，而今在這個案例上，讓我再次明白情緒管理的重要，也慶幸還好自己已有所改變。

從職場回學校讀書時，身上的積蓄並不充裕，沒辦法靠存款完成大學的所有費用。還好父母仍然很樂意供給學費，但我不曾主動伸手向他們要錢，總是省吃儉用。

因此在自助餐用餐時，就盡可能多吃蔬菜不吃肉，也因此養成喜歡素食的習慣，並因而接觸到佛法的書籍、概念。現在來看，這豈不就是塞翁失馬，焉知非福？

在發生因為看報紙生氣的事情之後，我才發現自己有容易生氣的情緒障礙，跟父親的相處一再重演著情緒失控的戲碼。每次打電話回家，總不能避免父子倆的對峙。常接起話筒後，說沒兩句就劍拔弩張，以爭吵收尾。

父親問：「到台北去，你有沒有好好讀書？」

「有啦、有啦！我自己會處理。」敷衍的回應，隨即引來父親的不滿，他的語氣開始嚴厲起來。

「就會講大話，既然說自己會處理，那就做出點成績來啊！」

「就說會自己看著辦，管這麼多是要做什麼啊！」我無法耐住性子聽父親說完，便會帶著滿腔的怒火掛上話筒，然後需要用很長的時間來調整情緒，才能平復。

這樣下去不行，會影響我的讀書計畫，我開始思索該怎麼去改善這易怒的個性。我學著練習不和父親爭吵。起初，一聽到父親的聲音，心中就沒來由升起一股煩躁感，我試著先將話筒拿遠，做深呼吸，讓洶湧的情緒稍微平復，等話筒那端沒了聲音，再問：「吃飯了嗎？」這類的問候話語。

遠離話筒、深呼吸、詢問，就這麼重複進行著這些步驟。漸漸地，我可以延長不跟父親頂嘴的對話時間，經過幾年的練習，終於可以按捺情緒不跟父親以爭吵的方式對話。

「這一生與下一生的關係，就如同昨日和今日一樣的密切。就像是銀行的存款，我們今天晚上睡覺時在銀行的存款有多少，明天早上起來就有多少，不多也不少。」

當時老和尚的這句話給我相當大的震撼。意思是：我們生命中不好的習慣不刻意去改，不會憑空消失；好的優點若不刻意去培養，也不可能無中生有。而我們生命中的這些優缺點，卻會影響我們未來的命運。如果我們希望生命能夠越來越好，那麼就得要把握現在，努力改掉不好的習慣，去培養原先所沒有的優點。

我不希望我的來生重演我前半生的生命軌跡。因為這不但對自己和他人沒有任何的幫助，反而莫名傷害了很多人，我希望能夠改善我的生命。

因此，我常在工作之餘，利用假日回老家看望雙親，甚至在他們年歲已高的時候說服他們到雲林和我同住，讓我來照顧他們，並且彌補過去所做諸多傷害他們的事。

父親晚年的時候，罹患了阿茲海默症，常常會莫名其妙地突然生氣。有一個假日的下午，我與妻子在廚房談話，父親本坐在客廳的佛桌旁，卻突然面露慍色，接著起身要將供桌上的供具摔掉。

若是換作從前的我，可能在面對父親這樣的反應時，便會對著他發怒，更別說耐著性子等他冷靜下來。如今，看見他這樣子無理取鬧，我雖然生氣，但更多的是無奈。隨著父親記憶退化，他常常得透由別人的臉部表情解讀行為，這帶來極度的不安定感，促成父親多疑易怒的個性。

我蹲下身收拾眼前這片殘局，一面溫和地跟父親說：「我剛剛只是在說等等要煮些什麼菜？你卻亂發脾氣，這樣是不對的。如果聽不懂，要先問問看，知道了嗎？」聽完我的說明後，父親的情緒緩和了些，點點頭後便走回沙發靜靜地坐著。

後來，為了父親能得到更好的照料，我們將他送到住家附近的一家養護中心。不過父親去安養中心不到十天，就從病床上滑下來，摔斷了右大腿骨，經送醫治療後，雖然透過手術把大腿骨接回，但對於脊椎壓迫神經的問題，卻一直束手無策。

看著他因痛苦而哀號呻吟，我卻沒辦法減輕他的疼痛或不適，只能多向師長、佛菩薩祈求，並誦經迴向，希望他能夠早日脫離痛苦。父親在住院約一個月之後，安祥往生，而且面容慈祥。

照料父親的過程辛苦，使我心情沉重。但我之所以能夠撐下去，我想是因為大哥罹癌過世，所體會到的那關於生命的省思。

我想過，若生命能夠重來，命運會不會有所不同？學習佛典後，我覺得答案是否定的。人的一生是相續的，一生結束還有下一生，再下一生。倘若我用著同樣的心境面對人生的問題，僅是再度重現相同的軌跡。而到那時，我是否又能如這一世幸運？

生命不斷地重複，若無法有所改變，就好比被困在一個無法逃脫的迴圈之中，甚至根本不會發現自己陷在這個圈裡。因為明白認識與實踐存在著差距，我才能鼓勵自己努力於生活之中落實習得的觀念。佛法的學習使我的生活態度更加圓融，我也以此來引導我的父母，希望讓他們心中有所依託，能夠安然地接受人生的各種歷程。

在母親生命跡象開始衰弱時，我對著母親講述她這一生曾做過的好事，並感恩母親對子女的生養之恩，我希望母親過世的那刻，能夠開心，能夠平靜地離去，希望她能感覺到我對她的感謝。

隨著時間積累，對於佛法的道理有了一些認識，我開始嘗試在日常生活中落實。我發願要承擔師長在監獄辦佛法讀書會的心願，於是開始在雲林第二監獄擔任教化志工，以讀書會的方式跟監獄的同學一起學習。

當我發願要承擔老師的這份心願以後，我發現我的心已經開始改變，會想到在監獄的同學們所遇到的困難是什麼？擔心的是什麼？要如何才能幫助他們？如何才能對他們的生命有所幫助？

在監獄跟同學們一起學習後，也深深覺得其實我們並沒有什麼不同，只是我們碰到事情時有不同的想法與反應，也因此有不同的結果而已。如果大家對於事情有正確的認知，並採取正確的方法面對的話，那所有的人應該都是一樣的，所不同的只是在各行各業不同領域的學習而已。

從前未曾想過要跳脫審理案件時的法官角色，僅是依循法學專業宣告判決。而現在我思考著將這些正向的變化，在監獄透過讀書會的形式，導讀書籍，從受刑人的角度出發，探討他們所在意的事，讓這份關懷能夠傳達。

擔任法官近二十年的光陰，在辦理讀書會之後，我才真正站在這些受刑人的立場，為他們著想，從而有了深刻的體會。

坐在法官席上，我看著台下的受審者，將他與年少時的自己重疊——那個曾昂著桀驁臉龐的少年。

我曾在傍晚時分，看著夕陽染紅天邊的雲彩，在田埂上輕巧地移動，只為了追逐那逐漸落下的日頭。那時的我無拘無束，充分享受自在與逍遙。

晨陽初升，耀眼的晴空下，我曾在校園中逕自穿越操場，狂奔跳躍。那時的我只顧著自我滿足，恣意咆哮，叛逆而囂張。時序推移，季節的冷暖，從未讓人理出頭緒。

踏入社會，體驗了各色的工作，工地、廠房、街巷、海港，步向了各地，卻也讓腳步踉蹌，跌跌撞撞。一場驟雨讓我停下了腳步，我茫然不知該往哪裡走去。那個月夜，是我與佛法結識的起源。循著月光映照，曾經或走或跑，或跳或跌，此時才懂得回首看向我曾行過的各個階段。

回想曾經，過去我是如何因為衝動暴躁而使自己遍體鱗傷，甚至傷害了周遭的人。還好接觸了佛法，讓這一切得以修補、有所轉圜，在釀下更大的過錯前，能夠重回應循的軌跡。

往昔的荒唐，此刻的平靜，若非心境得以轉變，我便無法窺見這生命更為遼闊的景致。存著叛逆的血液依然流淌著，但它化為另一股溫熱，不再滾燙傷人，而是飽含暖意。

停下橫衝直撞盲目奔馳的腳步，而今，我留心著每一個踏下的足跡，因為我明白，這點滴都將影響我未來的生命。

不及格的教授爸爸

捨命工作，為的是給家人更好的生活，
但幸福，卻與我漸行漸遠……。

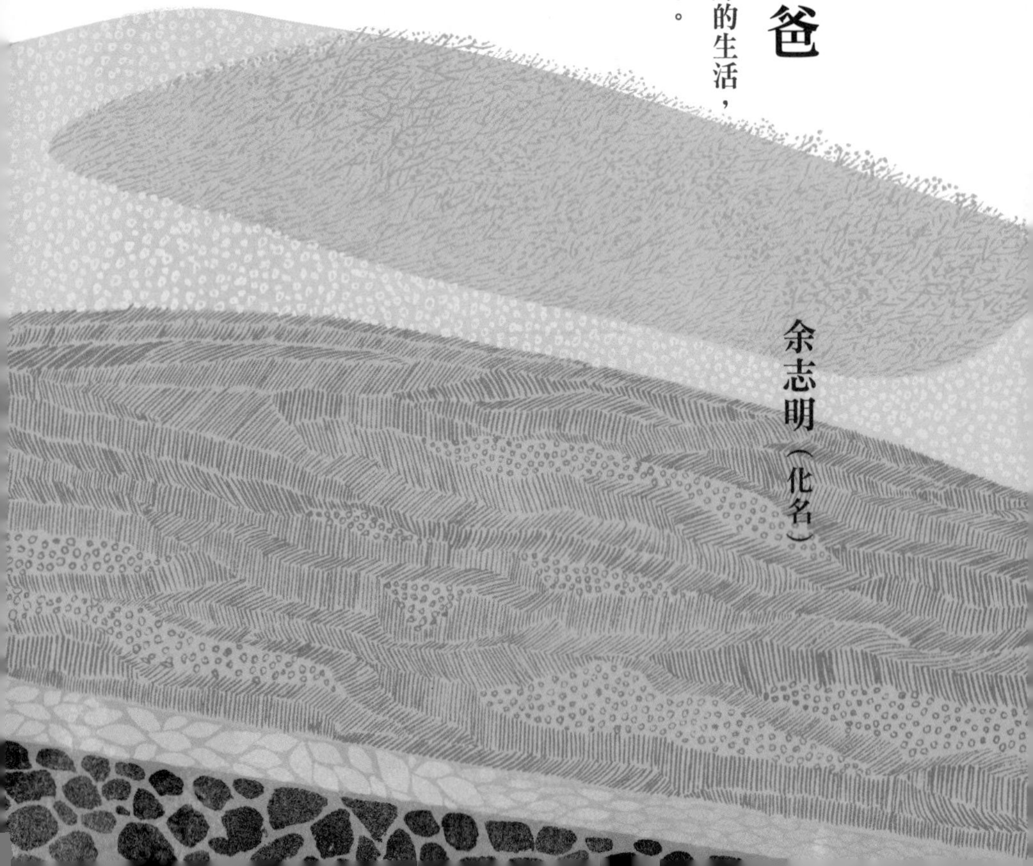

余志明（化名）

被睡意籠罩的深夜，尖銳的鈴聲劃開了寧靜，感受著身邊的妻子離開位置而造成起伏的床鋪律動，我模糊地意識到，那鈴聲是電話正不斷作響的聲音。

——這樣的深夜，是誰？

我尚兀自思索著，便被妻子高頻率的聲音給嚇得睜開眼睛。

「什麼？在哪裡？好，我知道了，謝謝。」

焦灼的嗓音努力維持著平靜，我躺在床上，好奇地看著妻子的背影，隨著話筒被掛上的聲音，房內的燈光被打開，那瞬間亮光讓我瞇細了眼。她走回我身旁，然後不斷地搖著我的身子。

「快起來，小雅憂鬱症發作，哭到換氣過度，現在人在市立醫院！」

「什麼！」

震驚與不敢置信將睡意驅趕一旁，我翻身坐起，因為力道過大，導致眼前一片昏黑。

「快準備準備，先過去看看情況如何。」

妻子強耐住焦灼的心，在房內走來走去地收拾、換衣服。我呆呆地看著她，那瞬間，一切的感覺都像是離我很遙遠，我甚至無法起身。

「你怎麼了？快起來啊！」

「不，我不去……我不去！」

我沒辦法去，想像著到醫院看見女兒無力地躺在病床的樣子，便讓我所有的力氣都被抽走。我想，我真的做不到，真的不敢到醫院去面對那麼蒼白而脆弱的女兒。

我顫抖著身體，然後故作鎮定地躺下。一旁的妻子啞口無言地看著我，對於我這個連起身都做不到的男人，她顯然也不打算浪費時間與我爭執，扭頭拿起車鑰匙，她轉身便走。

留給我的只有重新襲來的黑暗以及房門被大力關上的聲音。

我重新閉上眼睛，黑暗中，我的心跳聲彷彿被放大許多，一聲一聲敲著我的腦袋，讓我縮起身體，不斷想著自己怎麼了？

——為什麼連去醫院的勇氣，陪伴女兒的勇氣都沒有？

我不懂，真的不懂。

最初，我是為了讓全家人都能過著幸福的生活，所以才拚命努力工作，只是那份努力漸漸被我的執著扭曲。我自以為自己是在為了家人努力，卻沒想到太過拚命在工作，反而讓我與妻子和兩個女兒的關係日益疏遠。

於是開始與深愛的妻子發生爭執，對於可愛的兩個女兒，也在疼愛中參雜了抱怨，抱怨著她們的吵鬧，抱怨著她們的不懂事。明明是生命裡最重要的三個人，我卻以疏遠且平淡的態度對待她們。

為什麼？到底是哪裡出了問題？我不停詢問自己，卻找不到解答。

妻子是個很有個性的女性，一頭削得短薄的頭髮讓她美麗的五官更為突出。第一次與她見面，是在學校的課堂，那時候的我還是大學生，而她卻是我們班的助教。

我想，腹有詩書氣自華的詞語或許就是用來形容像妻子這樣的女性，打扮樸素的她自成一種氣質，感覺率性而美麗。對於我而言，頂尖國立大學畢業的她更像是一種憧憬與嚮往，讓我知道這世上原來有這麼聰明又美麗的女性。

於是，我陷入了愛河。

笨拙的我不會用花言巧語來討好女性，懦弱的我更不敢直接對她表達愛意。我唯一會的手段就是採取禮物攻勢，然後在聖誕節請她到一個感覺氣氛十分浪漫的餐廳，內心想著在節慶氛圍的渲染下，應該就能完美傳遞那羞澀而真摯的我的內心吧？

當然，自以為是的浪漫得到的是一片的靜默。我的一腔熱誠在妻子眼中或許沒有得到她的嘲笑，但肯定是讓她無感的，所以不論我如何表示，都從未得到妻子的回應。

最後在畢業旅行返程的路上，我決定放手一搏。回程我與她搭上了同一班火車。雖然我們並沒有買到坐票，但在買票者尚未上車之前，我與她仍有一些時間能一起坐著，我決定利用這段時間向她再次告白。

即使我的家境並不富裕，但為了追心目中的女神我仍然下了一些重本。提早攢了點錢，然後在旅行的中途買了三種禮物，盤點著要在回程時用這些禮物做最真摯的表白。

「咳，這個送你。」

我故作隨興的將第一份禮物從背包中拿出來，一對玉製的白兔栩栩如生地立於掌中，我想玉兔那瑩白可愛的樣子，必然可以討這位高傲的女神一點關愛與回應。

「謝謝。」

她臉色不變，淡然地將那對玉兔收進盒子、放進背包，然後施捨我一句感謝，就結束了對話。我忍不住一愣，這樣的反應與我一開始想像得完全天差地遠，我要的是她感受到我的真摯情意，然後給予熱切的回應，只有薄弱的感謝完全無法滿足我的心。

我以為是這對玉兔沒有明確表達出我的情意，於是我再度將手伸進背包摸索，然後拿出了第二份禮物。

「這個送你。」

碧綠的貓眼石手鍊流轉著溫潤的光芒，我一邊佩服自己的眼光，一邊志得意滿地認為這下應該可以感動女神大人了！

「謝謝。」

依舊是同一句回應就失去了下文，我不敢置信地看著她，情緒從激昂轉為沉悶。這下，第三份禮物也不打算送出去了，我以沉默表達抗議，流動在我們之間的只有火車的轟鳴以及周圍的笑鬧聲。

很快的，買了坐票的人過來了，於是妻子起身讓位。我則因剛被拒絕的打擊，決定攤在位置上就這麼讓她站著，反正不管我怎麼示好她都沒有回應，我又何必表現得像個紳士？

她依舊站得筆直，擺放在椅背上的纖纖細手順著車子的起伏微微擺動著。看著那雙柔荑一般的玉手，鬼使神差的，我做出了一個膽小的我從沒想過的大膽行為——在火車經過彎道的同時，順著律動握住了那隻手。我用力握著，緊閉著雙眼，就怕她冷酷地甩開我。

沒想到那一牽，就讓我牽到了現在。

在就讀博士班的時候，我與妻子結婚了。只是結婚後，考驗才正要開始。起初我覺得甜蜜，只看到妻子最美好的一面，心心念念都是她，但隨著時間流逝，那份甜蜜逐漸開始變質。

聰明的妻子一生最大的心願就是去照顧弱勢的孩童，所以她花了許多的時間照顧中輟生、照顧許多有學習障礙的孩子。這其實是十分溫柔而且富有愛心的行為，但看在我眼中，卻成了種種的不是。

我不懂，為什麼妻子花那麼多時間在外奔波，卻很少在家操持家務？

我將妻子與母親並列比較，然後累積了更多的不滿，一直以來我都認為妻子應該要像我的母親一樣照顧我的生活，應該要像母親一樣地服侍我。我覺得，身為妻子不就是該無怨無悔在家洗衣煮飯嗎？但她是個有想法與主見的女人，又怎麼可能如此順從？

我沒意識到，我娶的是一個妻子，並非一個母親，這樣的認知差異，讓我對妻子的埋怨日漸高漲。

我們開始產生爭執，對於各種事情辯論，但口拙的我總是辯輸的那一邊，只能啞口無言地生著悶氣。原本是因為她的聰明才智愛上她，卻沒想到這份聰慧反而成為我的傷痛，我講不過她，也不願意服氣，累積在心裡的只有抱怨與不滿。固執的兩人不會因為一次、兩次的爭執就學會互相體諒，那些憤懣與痛苦持續累積。

那段時間的我是低潮的，除了婚姻生活不順遂的關係，更多的是準備求職的我，依舊看不到未來的方向，這讓我壓力大得無以復加。

在那樣充滿壓力的情緒下，兩個女兒出生了。

以前看電視時，電視劇中的深情男主角總是在聽到孩子的啼哭聲時感動落淚，我那時十分好奇未來的我看到自己的小孩會有什麼反應，沒想到我沒有哭，更沒有任何的喜悅，心下是一片的茫然無措。

大女兒和二女兒出生後，我看著還待在保溫箱的她們，臉部皺成一團地睡在棉被中，一點真實感都沒有，不覺得她們是我的小孩，也尚未有自己已經成為了父親的踏實感，那種電視劇形容的會感受到的喜悅與連結，一點都沒發生在我身上。

不論我有多茫然，我有了孩子的事實仍不會改變，生活仍在自己尚未適應的情況下不斷前進。

直到兩位女兒開始牙牙學語，我才真正對她們產生了「這孩子很可愛」的心情。

但是這種溫暖的情緒並沒有持續太久，比起快樂，更多的時候，我總在小孩的哭鬧聲中皺起眉頭，任由煩躁的情緒滋長，然後無力抒發心中的沉悶。

或許，我的煩惱更多來自一個三十幾歲、仍在讀書的男人，不僅要依靠妻子在外工作的薪水才能過活，甚至在娶了老婆、生了小孩之後，工作仍沒有一個著落。我宛若失去了牽引的風箏，在生活的洪流漂泊，找不到一個心靈安穩的所在，只是在恐懼中不斷前進。

當年的社會，頂尖的國立大學都希望聘請留學歸國的學子成為老師，所以從臺灣的大學畢業的博士很難找到教職相關工作，我恐懼、努力，好不容易才求得一個機會，於是我戰戰兢兢，深怕發生任何的疏漏，讓我就此失去工作，更怕犯下什麼錯誤，砸了指導教授的招牌，從此沒臉見人。

我認真研究，在外應酬，抓著每一分每一秒努力，不敢鬆懈的壓力換得的，是身體的破敗。

曾經幾次拖著疲累的身軀回家，混著疲倦將晚餐吞嚥入喉。囫圇吞棗後，我站起來打算到書房多讀一點書，卻沒想到一起身就將剛吃進的餐點一點不剩地吐了出來。

太多的痛苦如鯁在喉，既吞嚥不下，也說不出口，只得硬扛。

從三十幾歲一直掙扎到四十好幾，痛苦的過程，是想要帶給妻小舒適生活的動力讓我不斷撐下去。

我覺得一切的努力，都是我愛妻子的表現，都是為了讓兩個女兒可以過上快樂而無憂的生活的奮鬥，所以我理所當然地在外打拚努力，將家裡所有的責任都丟給妻子，自顧自認為她們一定能理解我的忙碌都是為了她們的幸福。

從沒想過的是，這些忙碌其實也代表了對她們的忽略，而她們會為此感到不滿。

有一日我在家吃完晚餐，穿戴好衣裳打算繼續趕回學校工作，卻被坐在沙發的大女兒一臉嚴肅地喊住。

「爸爸，你過來。」

年幼的大女兒拍著她隔壁的位置，稚氣的臉上帶著嚴肅的表情，顯得可愛而違和。

「怎麼了？」

難得被女兒呼喊，所以雖然急著出門，我仍然坐了下來。那晚她反覆說了許多話，大約都是在抱怨我總是在外奔波，都沒有陪伴她。其實女兒到底確切說了什麼我已經遺忘，只記得在那些質問中，她問了我一句：「為什麼你跟別人家的爸爸都不一樣？為什麼你都不在家？」

毫無重量的話語承載的或許是鈴聲大作的警訊，可惜我沒有捕捉到，反而任由事態不斷朝無法挽回的情況走去，只因我認為自己已竭盡所能去愛，不需要改變。

溫柔敦厚的大女兒雖然對我感到無奈，也沒有表現出特別激烈的反抗態度，但性格剛烈，且如同妻子一般個性要強的小女兒，對我的意見就多得多了。所以，在她國中青春期到來之後，我與小女兒的情感開始被割裂。

在大女兒國中的時候，我們帶著兩位女兒開始了自學的生活。會毅然決然決定要帶著孩子在家讀書，一方面是因為我們對於傳統教育填鴨式的教學法並不認同，另一方面則是具有反骨基因的我們兩個人，皆是不喜歡順著傳統方式前進的性格。

決定讓女兒們自學之後，我把大部分的教育責任都丟給妻子，只是偶爾表達一些意見，作為我有在努力的表示。但是我們都太有想法，也太過固執，所以往往不歡而散，嘗試交流的我們不過是各抒己見，然後無視對方。

後來我理解一件事，一個人能做決定的事情，不要兩個人一起執行，尤其是兩個很容易有意見的人，那更是不要一起出主意，否則等待自己的結局，只有無盡的爭吵和痛苦。

我就此將這句彷彿很有道理的話掛在嘴邊，順理成章地讓妻子自己擔負起教育孩子的任務。

但自學的理想是高遠的，教育的實踐是困難的。

「這邊只要套進公式，就可以解答了喔！」

「為什麼這時候要套公式啊？」

「很簡單啊，因為X項在這裡，所以剛好可以吻合這個公式。」

「咦？」

女兒與妻子總是如此雞同鴨講著，聰穎的妻子很難體會「不懂」是什麼樣的感覺，也不理解為什麼女兒怎麼教都教不會，對她而言，那些複雜的問題都可以濃縮成「就是這樣」的感想。每次看著這情況，我總是十分同情女兒，同為學習較遲緩的類型，我們這種「笨蛋」真的很難跟得上聰明人的思路。

無法成為良師讓妻子筋疲力竭，偏偏正值青春期孩子們的活潑好動使教學更為困難，整個學習的過程可謂雪上加霜。家中迴盪的，要不就是孩子們興奮的尖叫，不然就是因為被強迫做自己不喜歡的事情，而產生的爭執聲。

個性溫順的大女兒對讀書還是較為認命地接受自己就是學習慢，需要更加努力，但是患有「注意力不足過動症」的小女兒就不同了。她完全遺傳到我與她母親最剛強與執著的一面，只要被強迫做些什麼，那必定要發生一場大戰。

種種的聲音讓留在家中讀書、做研究的我腦門直跳，即使大力關上房門，那些尖聲吵鬧的叫喊，仍然會穿透門扉直抵腦門。

小女兒國中之前，妻子還可以勉強鎮住場面，等到爭吵的傷痛不斷累積，開始進入青春期的她就不是可以輕易被「降伏」的孩子了。

「為什麼妳總是不聽話？」

「為什麼妳總是要我接受妳的想法啊！我長大了，可以自己作主！」

哐噹的聲音混合著母女的爭執聲清晰地傳來，我用力地翻著書，假裝沒聽到那些吵鬧聲。

「妳停下現在的動作，好好聽我說！」

「妳才該好好聽話！到底要讓我操心到什麼地步！」

「不要把妳的想法加在我身上！」

小女兒的尖叫聲讓我忍耐不住地衝出房門，我真的忍受不住，對於爭執感到厭煩。為什麼就是不能讓我清靜的讀書？難道她們都不能理解我在書房的苦讀也是為了讓全家人有一個安穩的生活嗎？

我直衝樓下，將咆哮著的小女兒轉過來，用力地給了她一巴掌。

啪！清脆的聲音讓所有的爭吵聲音歸於平靜。

小女兒掩著臉頰，瞪大眼睛，不敢置信地看著我，漫長而難堪的沉默蔓延，她緊握著拳頭，用力大口地呼吸著，像是下一秒就會朝我衝過來，和我一決勝負！反應過來的妻子眼明手快地將小女兒拉到身後，然後擋在我們兩人的中間。

「你做什麼！」

「我……。」

手足無措的感覺襲來，憤怒退去之後，我也感到驚嚇。

那是我第一次，也是最後一次動手打孩子，但也就是這唯一的一次，讓我與小女兒的生命不再有所交集，兩顆心各自朝反方向越走越遠。我依然愛她，可是她卻深深地埋怨著我。

相較於家庭生活的種種不順與傷痛，原本找不到方向的事業則開始走上軌道，我不斷摸索，找到了教學的步伐，開始受到學生的喜愛，甚至被提拔成為諮商中心的主任。

工作順利一直是我努力的方向，而努力的動力，是源自於讓家庭更好的一個心願，但我回顧過往，幸福卻沒有隨著我的努力降臨，我似乎只有帶給家人滿滿的痛苦。

為什麼？為什麼一切與我所期待的，是那麼的不同？

在工作場域，我很容易去愛我的學生，因為關係沒有那麼親密，反而更能夠靜下心來傾聽與接納，但是對於最親近的家人，我卻無法關照那些最細微的情緒，只是予取予求地要求她們的諒解。

在學校我是人人稱譽的教授，在家中我卻被打上了不及格的低分，不斷地重修。

一如既往的爭執聲響起，我看著吵架的妻子與女兒，再沒了曾經的憤怒，反而覺得無力，兩個我最愛的女人，在我面前不停地互相辯駁，而我卻沒有辦法阻止這一切。

在小女兒終於停下滔滔不絕地回應，漲紅著臉不斷喘氣時，我凝視著她，認真地說著：「妹妹，跟我到院子冷靜一下吧。」

外頭的風獵獵作響，帶著刺骨的寒意讓身體微微地顫抖，我和她對望，相視無言。

「……爸，我不想住這裡了。」

小女兒突如其來的話語讓我驚訝地張開了嘴。

「國中畢業之後，我就要搬出去，我不要再住這裡了。」

小女兒仍帶著孩子氣的臉龐閃著堅決的光芒，那強硬的模樣讓我在那瞬間心痛得快要無法呼吸。仍然稚嫩的孩子，就要離開原生家庭，自己過生活，她一個人，真的懂要如何照顧自己嗎？

我們的擔心與焦慮都無法阻止小女兒的決心，她選擇推甄到遙遠的北部學校讀書，正式遠離家中的紛紛擾擾，嘗試走出自己的路。

在家自學許久，陡然回到學校，在適應方面終究是有困難的，而對其他青春期的少年少女而言，患有過動症的小女兒，更是如同異類一般的存在，沒有人會體諒與關懷她。

小女兒逃離了家中的爭執，然後跳入另一個爭執的場域。

跟人打架、被人霸凌成了她生活的常態，為了改變，只得不斷轉學，卻始終無所依歸，找不著心靈安穩的所在。這造成小女兒極大的壓力，她又不願意我們陪伴在身邊，幾乎是一個人挺過所有的事情，於是她日漸痛苦，為了紓解壓力，小女兒開始抽菸，也開始穿耳洞、染髮，甚至刺青，成為一個我都不認識的人。

偶爾北上去看她，小女兒的身上會飄著菸味，而那染成各色的頭髮，亮麗地彰顯自己的存在，狠狠地刺痛我的雙眼，重重在我心頭畫下一刀又一刀。她的改變如同在說著：「都是因為你們，我才會變成這樣。」

面對如此低潮的她，我痛苦，然後怪罪於妻子不會教導孩子，才讓小女兒的人生一路朝最坎坷的方向前進。但不管怎麼將錯誤歸咎於他人，她依舊沒有好轉。

她的生活似乎不在我們認定的軌道上前進，只是不斷失控，最終，憂鬱症找上了她。或許我唯一能慶幸的，是那樣悲傷的女兒身邊，還是會有男友陪伴在旁，至少，她不是無依無靠。

「你可不可以不要再刺青了？」我曾經在請小女兒吃飯的時候，語氣沉痛地問著，那些裸露的刺青，像是一道道的疤痕刻在她身上，也在我的心上劃下無數的傷痕。

小女兒面無表情地攪拌著面前的飲料，看著冰塊在橘色的果汁中浮沉。

「爸爸，你知不知道我為什麼要刺青？」

我不懂，於是我搖搖頭，小女兒伸出手，給我看著手臂上刺著什麼。我審視了一下，驚覺那斑斕的刺青上有著兩個顯眼的名字，那是我的妻子與大女兒的英文名。

「當我想死的時候，我看著這兩個名字，就可以提醒自己不要忘記她們，不要忘記我還有媽媽和姐姐。」

我愣住了，一方面是對於小女兒那些憂鬱心思底下的求生意志感到欣喜，卻也在發現小女兒於手臂刻劃了兩個她愛的人，我卻不在她會想要記得的名單中這件事感到悲哀。

儘管小女兒有著求生的意志，生活的壓力依舊讓她曾經筆直的脊梁漸漸彎曲，所以，她自殺了二次，也曾在數不清的深夜，因為憂鬱症哭到換氣過度，被送去急診室。

第一次聽見，我痛苦，我悲傷，卻不敢面對，只能帶著滿滿的悔恨與擔憂躺在床上，讓堅強的妻子一個人去陪伴她。

小女兒第一次在急診室清醒時，對於病床前沒有父親的身影並沒有悲傷，或許是因為她早就在內心深處放棄我了，所以我所有作為都不曾影響她半分。

我急迫地想要帶著小女兒走出憂鬱，但那些與她的衝突讓我連半分也無法靠近她，更加糟糕的，是女兒未婚懷孕的消息。我不懂，她似乎成為了所謂的「壞孩子」，將一切我未曾想像會發生在人生的事情都經歷了一次。

身為諮商中心的主任、一個成功教授的我，自認應該要把所有事情都處理得比別人好，但事實卻不是這樣，實際上，我痛苦不堪，也不知道該怎麼去幫助我的家人。與家人的關係如此失序，讓我羞於求救，我不敢跟別人說我的困境，就怕聽到別人問我一句：「你不是心理諮商中心的主任嗎？」

而我也無法對女兒有任何心理諮商的專業作為，因為從她小時候，我們就不曾有太多的言語溝通，也不太會談心事，早已固定的互動模式，讓我連疏導自己或是開導她，都困難地讓我心悸。

我找不到紓解的辦法，只好不斷地怪罪妻子，對她大吼、發脾氣，但那些痛苦的情緒卻依舊存在，讓我在低谷不斷徘徊，找不到出口。

「你總是說小雅變成這樣是我不會教，你知不知道，其實她痛苦的源頭，是你！」

妻子闔上書，看著坐在桌前抱著頭，沉默而低落的我，語氣淡定地述說，我驚訝地抬起頭，憤怒的情緒開始延燒。

「妳有什麼根據？憑什麼這樣說！」

「小安跟我說的。你總是自以為是的努力，但卻從來沒有去考慮過那些是不是我們需要的？你是不是從來沒想過，其實她們都因為你感到痛苦？」

妻子說，溫柔的大女兒曾私下告訴她：「爸爸的脾氣那麼不好，總是敲桌子大吼、罵人，我們真的很不喜歡。」

我不願意相信，我一心一意就是想讓大家幸福，但這種種的努力，怎麼可能只給她們帶來不幸？

為此，我甚至與妻子去見了大女兒一趟，一直否認的心直到大女兒平淡地點頭表示認同而墜到了谷底。

我沒想過，一切是我的錯。我從來只注意到妻子與小女兒因教學產生的爭執，以為正是因為這樣，女兒才會痛苦至此。如今被挑明其實根本是我造成的，不敢置信漸漸轉成悔恨。

我怎麼會是這樣的人？我不斷自我質問，而悔恨混著悲傷沁入心頭，彷彿連喉嚨都泛著苦味。不能再怪罪別人，讓我的人生突然找不到方向，不知該怎麼做才好。

在萬般痛苦的時候，我想起很多年以前，我也曾經抱著這種悔恨的心情，用力哭著。

以前因為在學校負責主辦演講，我曾請了幾位社會人士來分享他們的生命故事，他們有各自的歷程與經驗，唯一的共通點是幾個人都有學習佛法。每個人的分享都精彩地讓人無法分神，他們用心地將自己如何在挫折中轉變想法的過程誠懇地與大家分享。

看到這些人能從生命困境中破繭而出，突破痛苦與悲傷的模樣，讓我心生羨慕，於是在他們的邀請下，我去參加了一個以教師為對象的佛學營隊。

營隊內容我忘得差不多了，只記得我參加了五天，在那五天之中，我每天都哭泣著。如果問我在哭什麼？我也很難回答，因為我並不是為了什麼特定的事件而悲傷，只是對於自己的生命像是在一個深深的坑洞中沉淪，而感到痛苦。最不解的，或許是那個又黑又沉悶的坑洞，一開始是自己為了夢想而奮力爬進去的，卻在進去之後，發現那是個充滿痛苦，而無法逃離的地方。

當時，在營隊中我受到滿滿的感動與啟發，甚至一度想要去修習、實踐佛法，卻在每日繁忙與爭執中忘記曾立下的目標。直到現在，離不開的痛苦再度襲來，我終於又想起了那時在營隊中體會到的感動。

我想改變，如果可以，我也想要有所不同。

人在痛苦的時候，很難保有正面的情緒。參加佛學讀書會後，我學了許多觀念，但悲傷的生活中，能想起來的，也只有一句很常在讀書會聽到的話——觀功念恩。

讀書會的老師曾說過，當你看到別人的過失時，你只會盯著那個讓你不悅的點，然後不斷放大，最終那個人做什麼，都會引起反感，所以應該要相反的，多看好的、別人對你善良的一面。

我想，或許這就是我最欠缺的東西，因為我總是盯著自以為的傷痛，覺得妻子與小女兒總是給我帶來傷害，於是我只看到那些她們帶給我的不愉快，卻無法反省自身究竟欠缺什麼，也沒有思考過究竟在她們身上得到過多少包容與關愛。

所以我不斷埋怨妻子，不斷痛苦女兒生命走得崎嶇。現在我才知道，我錯得多麼離譜。

其實，妻子並不是我想的那麼不好。

我從未想過，被我不斷拿來與母親比較的妻子，是多麼勇敢。她在我最窮困的時候嫁給了我，就讀博士班的我，沒有錢，也不知道未來在哪裡，妻子卻不曾在意這些外在的條件，認定了我，就此不離不棄。

即使結婚後有那麼多爭執，即使我多麼不浪漫、不貼心還脾氣暴躁，她仍盡最大的努力照顧我與兩個孩子的生活，給予我們最大的愛。

我與她的爭執的源起是我認為她過於有理想，總是在外揮灑愛心，卻無法顧及家中，但那些抱怨都是因為我不曾看到她的行為背後富有多大的理想與關愛。妻子那能夠關懷別人的心靈，其實美麗而耀眼。

妻子的內心如此璀璨溫柔，是我極大的幸運，我卻到現在才領悟。

雖然我醒悟得這麼晚，妻子仍沒有為此抱怨。我沒有明確地向她道過歉，只是用行動想表現自己的改變。我不再總是憤怒地大聲吼叫，心靈也漸漸得到平靜。

在多年的爭執之後，我與妻子終於可以理性的溝通，可以在對話、討論的過程中，平靜地想出怎麼攜手前進的方向。

放下了對妻子的埋怨，我希望進一步與小女兒和好，對那些我曾讓她感到過的傷痛道歉。

我不再逃避了。

小女兒第一次被送進醫院的時候，我不敢去看她，雖然我也知道這不過是自欺欺人，但好像沒看到她躺在病床上，就可以假裝一切沒有發生過。

我的假裝只是摀住眼睛的逃避行為，憂鬱症仍折磨著小女兒，她依舊很常跟自己過不去，與她同居的男友總會發現她又自殘了，然後從醫院撥打的電話便會在家中響起。

我學會到醫院照料她。

有一次，又是在半夜響起鈴聲，我與妻子穿戴好，便驅車到醫院。那時的小女兒已經被施打了鎮定劑，昏昏沉沉地躺在床上，她穿著一條黑色的長褲，腳掌赤裸著，想必是緊急的送醫過程，讓人連幫她穿鞋子都來不及。

估摸著應該不會再有緊急的狀況，我便讓大家回去休息，自己一個人坐在病床旁的椅子上，陪伴著昏睡的小女兒。

我看著她，內心依舊焦灼而疼痛，但也明白，除了陪伴與關懷，沒有什麼是我可以做的。

隨著時間的流逝，我嗅聞到一個奇怪的味道，然後驚覺，該帶著因鎮定劑而無力躺著的小女兒到廁所去解決生理問題了。

其實，就一個大男人而言，這是有些難堪而不知所措的，畢竟小女兒也已經長大，帶著她進廁所總是有些尷尬，更何況剛剛去廁所探勘過，地上溼答答的，又怎麼能讓赤腳的小女兒踩在上面？

「小雅啊，妳穿爸爸的鞋子吧，忍耐一下，爸爸陪妳進去。」

我輕輕撫摸著她的頭髮，小女兒則半夢半醒地看著我，眼神迷濛。

「啊，不嫌棄的話，這個借你穿吧！」

或許是因為聽到我與小女兒的談話內容，坐在隔壁照顧病人的婦人突如其來地朝我搭話，然後遞來一雙鞋子，這讓我充滿感激。我扶起女兒，一步一步帶著她向前走去。

因為移動，沒有力氣的女兒雙手猛然向下拉扯，原本插著的針筒頓時被扯落，而點點血漬向下滑落。

我看著那模樣，忍不住為之鼻酸，卻仍努力地繼續撐著女兒。她倚著我產生的重量，像是提醒著我，做為一個父親，該背負的責任有多麼沉重。

我想，沒事的，不管怎麼樣，這次我都會陪著她。

一直以來，我都欠小女兒一個道歉。不過年近半百的大男人，對於開口講述歉意是有些難以啟齒，加上膽小的我依舊在方方面面作用著，讓我總是不敢直接對她說出口。

所以我一開始是先用通訊軟體，一字一字地打著「對不起」。然而長期的傷害又怎麼會是幾個文字的抱歉就能解決的？於是我總能看到對不起那三個字旁邊跳出兩個雖然小小的，卻十分顯眼的字：

已讀。

除了那兩個字，小女兒沒給我任何隻言片語，這的確令我有些喪氣，但雖然氣餒，我卻一直想到在佛法的讀書會中學習過一個觀念，那就是你現在做的所有事情，都是在不斷地種下小小的種子，然後在持續累積灌溉的過程，那個種子終究會發芽。

那個觀念讓我知道，我只要不斷不斷地做，有一天，那些道歉終究會打破我曾帶給小女兒的悲傷，然後將我的真心傳遞進去。

然後，我開始脫離文字的道歉，嘗試用電話直接述說我的歉意。

當然，小女兒仍然不斷給我閉門羹吃。

「小雅，我一直想對你說，對……。」

一句話都沒有說完整，電話便傳來「嘟、嘟」的聲響，我尷尬地搔了搔腦袋，然後接受我一次又一次被掛掉電話的這件事情。

我沒有放棄，因為那是我一直虧欠她的。我知道這是一場拉鋸，拉扯的是我的歉意以及她的憤怒，我只能不斷地道歉。

漸漸地，隨著我持續不斷地道歉，與小女兒關係變得沒有一開始那麼緊張，至少她願意在我說完話之後，才掛掉電話。

而我的道歉仍不斷在持續，直到有一天，默默聽完我道歉的小女兒在一陣漫長的沉默之後，輕輕地對我說：

「你不需要道歉啊，至少，你把我養大了。」

那一刻，許多的感慨襲上心頭，我微微地紅了眼眶。

我想，道歉不過是個軟化劑，真正促使我與小女兒關係改善的關鍵，是她即將臨盆之際，我和她的那個擁抱。

那時，小女兒待產的時間十分漫長，陣痛不斷地折磨著她。

我在學校課程結束後，便衝到了醫院，她躺在病床上，額頭不斷冒著冷汗，疼痛讓她那張清秀的臉龐皺成了一團。

還是孩子的她，在疼痛中準備蛻變成一個母親，我心疼又感動。

我立刻大步跨了過去，彎下腰將小女兒抱在懷中，一手緊緊地握著她的手，一手扶在背後，她的衣裳已經被汗水浸濕而顯得冰冷，我只能試圖透過肢體接觸傳遞一點力量，表達一些支持。

我們沒有對話，在好幾個小時間，我就只是維持彎著腰的姿勢。雖然痠痛侵襲著我的脊椎，但我依舊抱著她，沒有要放手的意思，因為我會陪在她身邊，看著她平安，看著她微笑。

等到小女兒被推入產房，我才試著直立起腰，然後感覺自己僵硬的脊椎開始舒展，傳來了抗議的「喀啦喀啦」聲，我深深地吐了一口氣。

與小女兒和解後的幾個月，我開始找到與她對話的節奏，學會傾聽她的聲音。原本總是一觸即發的氛圍不再出現在家中，取而代之的是心平氣和的談話，笑聲多了，微笑也多了。

我在原本痛苦的日常中找到了安寧的方法。

我關上電腦，終於將工作完成的放鬆感令我不禁深深一嘆，看向窗外，夜幕低垂，和著深夜傳來的是滴滴答答的聲音，我凝神注意，發現天空降下了如同簾幕一般的雨滴。我伸展著僵硬的身軀，然後打起透明的傘，打算去停車場取車，這時，有個旋律劃破雨聲傳來——是我的手機正在不停作響。

拿出來一看，意外地，是小女兒打來的。

「喂？小雅，怎麼了嗎？」

「爸，跟你說一聲，我今天會跟老公一起回家，記得回來吃飯。」

「喔？好啊，我知道了。」

雖然不知道小女兒怎麼會突然返家，不過許久未見她，我內心十分興奮。在雨幕之中，我驅車返家。

踏進家門前，竟感覺家中意外的安靜，我遲疑了半晌，然後踏入玄關。

啪！禮炮的聲音響起，我愣了一會，發現女兒以及女婿都站在門口，她從背後提出了一個紙盒。

白色的紙盒上面還淌著水痕，打開一看，裡面是一個裝飾得精緻可愛的圓形蛋糕，上面還有未點燃的蠟燭，我一愣，無法言喻的感動襲上心頭。

外面大雨滂沱，搭乘公共運輸工具回來的小女兒夫婦倆，是怎麼樣地小心翼翼，才將蛋糕給帶回家呢？我想像著他們在雨傘下彎下腰，將裝有蛋糕的紙盒小心地護在懷中，著急地看著雨水仍無情地漸漸淋濕盒子的樣貌，那瞬間，心中的喜悅無以言喻。

我無法想像如果我不曾跳脫將責任歸咎於他人的習慣的話，現在是否可以找到方法，安定自己的內心？但可以肯定的，是我與小女兒的關係，一定沒有現在這麼融洽。

回頭來看，痛苦的婚姻關係，無法掌握的親子互動，那些不解與悲傷都已經離我遠去，而其實，我一直過得很幸福。

我有一個善良且正直的妻子，她教我不再只關注家庭，透由她不斷地在外照顧弱勢的行為，我看到妻子是如何將關懷從家庭轉到更開闊的地方。明明在家自學如此的辛苦，但她仍舊努力將孩子拉拔到大，甚至從沒喊過苦，我佩服，又感謝。

而兩個女兒，帶給我的是不能與任何事情比擬的悲傷與喜悅。我第一次知道，生命可以牽掛在他人身上，你會不自覺地關心，不由自主地隨著情緒起伏。如果她們遭受苦楚，你跟著感到痛苦；如果她們能露出笑顏，你會比她們還要高興。

妻子與兩個女兒，我的家人，是我生命中最幸福的禮物，與她們生活，伴隨著苦楚，卻也讓我向生命更完整的方向前進。

半百後學會感謝

時間的浪濤，悄然無聲地，
淘洗著生命沙灘上的回憶。
太多人、太多事，
記得無益，不妨忘記，
可我偏偏忘了那最不該忘的身影——母親，
以及她對我的好。

莊偉

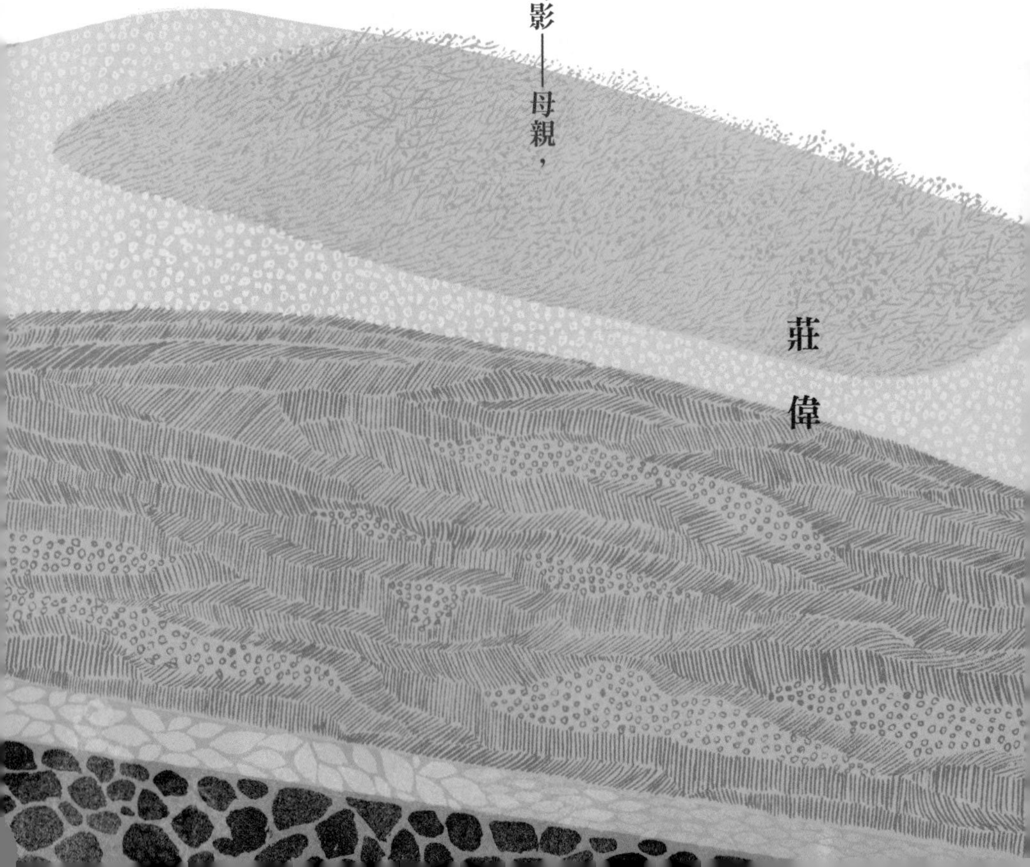

整理家裡的時候，從櫃子深處清出了幾本相簿，大抵都是灰色的皮，邊緣因陳舊而蜷曲翻起。將一整摞相簿移了出來，我率性的席地坐下，順手取出其中一本，開始隨意地翻閱。

大概都是出社會前的照片，從像是小猴子一般的嬰兒照，一直到四處奔跑的國小時期，在照片中的我都帶著靦腆的微笑。隨著年紀漸增，嚴肅的表情多了，皺著眉頭的樣子更是常見。

一本接著一本地翻著，不同時期與不同人的回憶漸漸回到我的心裡，看著看著卻發現這些照片雖然記載了我的生活，卻不曾出現某個人的痕跡。

——照片中幾乎沒有母親的身影。

像是我的生命裡本來就沒有她的存在一樣，那些被相機紀錄起來的片段，並沒有染上任何母親的色彩。

我不信邪，從這本翻到那本，櫃子翻出的相簿看完了，就在家裡翻箱倒櫃，試圖找到一些我和母親一同留下的證據。

最終，在以前所使用的筆記本中找到一張夾帶在其中，已經泛黃而陳舊的合照，母親站在穿著一身黑鴉鴉學士服的我的身旁，泛著優雅而喜悅的微笑，那模樣和眉頭緊皺、一臉不悅的我成了鮮明的對比。

那天是我大學的畢業典禮，我還記得，那是個雨不停落下的日子，又密又大的雨混雜著強風從天而降。

「媽，今天雨那麼大，妳不用過來了。」

沒聽到母親的回應，我便用力地掛斷了電話，然後感受著因強風而潑灑進來的雨水，深深地吸了一口氣。

——心情很好。

壞天氣沒改變我因為要畢業而愉快的笑容，母親無法過來也並未影響我半分，或者該說，我本來就不希望她過來，大雨剛好提供我一個阻止她過來的理由。我低頭盤算著等等典禮結束要和同學到校園四處走走，進行一趟校園巡禮，為最後一天的大學生涯畫上一個完美的句點。

最後，典禮結束了，校園巡禮也按照我的安排順利進行，唯一出了差錯的就是和我一起漫步的人，並非我預期的同窗，而是我以為不會出現的母親。

她打扮得端莊美麗，端著甜蜜的笑看我上台領取畢業證書，然後款款朝我走來。看到她，我是驚愕且不悅的，被打亂的計畫讓我連微笑都帶著勉強。

——我並不希望看到母親出現。

我踩著沉重的步伐帶著母親四處晃蕩，粗聲粗氣地介紹學校環境，以往這樣無理的表現，總會迎來她深鎖的眉頭，今日的她卻只是不斷點頭稱好。

「我們來拍張照吧！」母親從隨身的提袋中拿出有十足分量的相機。

「拍什麼照！不要啦！」

「好啦好啦。」

她不受影響，隨口安撫我，然後抬起手拉住了從我們面前經過的人。

「麻煩幫我們拍張照好嗎？」

隨著那句話，她緊緊挽著我的手的動作，和著她的笑容就這樣定格在那張泛黃的照片中。

那是第一張，也是唯一一張我和她的合照。

我和母親的關係，或許可以用話不投機半句多的俗諺做最好的註解。

我們之間水火不容的態勢，其實也不是立刻形成的，那些嫌隙是在相處間漸漸累積，最後那些嫌隙成了一道兩座山之間的峽谷，兩個人彷彿各自在一個山頭上。

當年被風風光光迎進門的母親在外人眼中，是個人人稱羨的少奶奶，但在大戶人家當媳婦，又或者說在一個漸漸走向衰敗的大戶人家底下當媳婦，是艱辛異常的，尤其結婚不久，父親便得了腦膜炎，更是加劇了她的辛苦。人人都說她嫁入有錢人家，命很好，不過在我看來，她得辛勤服侍著整個家庭的生活，哪能稱得上好命？

尤其國共內戰後舉家遷徙來台，早就不復以往的富裕，但已養成的奢侈習性很難在一時之間有所改變，因此要如何操持家務成了母親的一大課題。

記得小時候，家中長輩需要新衣服，都是讓外面的裁縫來到家裡丈量身材，量身打造。逢年過節，更是讓那些攤販，挑著雞、鴨等肉品到家中供我們挑選。對外人而言侈糜的生活，是我們家庭的日常。

然而，時代更迭造成嚴重的通貨膨脹，使得金錢的收入減少了，但開銷卻依舊，再加上一個好打麻將的奶奶，讓要扛起一個家的母親，十分辛苦。

對這樣的她而言，一切的希望都在我們三兄弟身上，尤其身為長男的我，更是首當其衝地受到母親望子成龍的心情影響。母親認為，要出人頭地唯一的方法，就是讀書，所有一切與書無關的活動，都是愛玩的表現，更是不被認同的行為。

偏偏我又對許多事物很有興趣。

記得國小的時候，我很愛寫書法，總是纏著學校的老師請他教我練習。

「永字八法，點、橫、豎、勾……。」

我喃喃地念著口訣，扎扎實實地練習著，一撇一捺，一橫一束，自認為寫得平穩扎實，熱切練習的我卻從未注意母親在角落注視著這一切的眼神。

專注投入的結果，是被學校選為出國比賽的選手，對一個小學生來說，這是一件非常光榮，而且值得炫耀的事情，我以為母親也會以這樣的我為榮。

然而比賽前幾天，我發現我所有的書法用具都不見了。

「媽，我比賽要用的東西呢？」

「不知道！你怎麼總是不專心讀書，每天就只想著這些有的沒的！」

熟知母親的我，一眼便看穿了——是她將那些用品藏了起來。

這個認知讓我嚇壞了，我含著眼淚，試著無視母親灼灼的目光，左右翻找。只是，即使在整個家中翻箱倒櫃，仍然沒有找到任何與書法相關的用具。

「媽，我真的想參加啦！」我終於忍受不住地哭了出來，而母親依舊只是抿著唇將頭撇向一旁，一語不發。

尚且年幼的我與母親的衝突屢見不鮮，對於母親的寄望，我無法滿足，只造成許多壓力與不快樂。

我天性愛玩，在讀書方面也屬資質普通，所以，總是當模範生的兩個弟弟和母親那種「萬般皆下品，唯有讀書高」的態度，讓我幾乎無法承受。日復一日的高要求讓我漸漸地與母親疏遠，在家中的話語少了，沉默多了，對母親的氣積在心中，難以散去。於是相較於母親，我反而更喜歡與父親相處。

雖然父親因為生病，所以智力退化得有如孩童，但他那純真的個性，和孩子一般溫暖的笑容，讓我更加喜歡跟他玩在一起。記得小時候，父親總是背著我出去玩，我和他在大街小巷亂竄，恣意笑鬧。

「爸爸，我想要這個！」

「好！」

拿著市場販賣的玩具槍，我開心地跳上跳下，父親也泛著純真的笑容，大聲應答。他翻了翻口袋，手中握著一把銅板便往小販的桌上撒下。

刷啦刷啦的聲音不斷響起，銅板落下的聲音，配合父親那帥氣的手勢，就這樣深深地印在我的腦海。我覺得，父親雖然並不懂「我是他的孩子」的這個概念，但他是疼我的。

或許正是因為所有我想要的東西都是父親給予的，所以對沒有辦法滿足我的母親，我更加無法諒解。

就像是皮球承受了越多壓力，反彈就會越高一樣，隨著時間流逝，我對母親的反抗漸漸變得激烈。

原本還算認真讀書的我開始學會翹課，在家的時間不是沉默，就是頂嘴。自從國中青春期之後，平常的打罵教育已經很難在我身上發生效用，我和母親的關係逐漸降到了冰點。

「走，我們去玩吧。」

朋友用力地拍著我的肩膀，然後一屁股坐在我的桌子上面。我翻了他一個白眼。

「大爺，玩是要玩，但麻煩先移開您的尊臀好嗎？」

將鉛筆盒丟進書包，我將背包摔上了後背，搭著他的肩，我們朝學校後門的圍牆走去。

翻過圍牆和幾個朋友會合，我們三三兩兩朝其中一位朋友的家中走去，他家沒什麼大人會去約束我們這群半大不小的學生，那裡就像是個無法地帶，可以自由地做著自己想做的事情。

我們在那邊盡情地談天說地，興致一來再從他家的櫃子裡開瓶洋酒喝喝，伴隨彈奏的吉他聲高歌，非得玩到三更半夜不回家，對我來說那是十分快樂，而且無憂的生活。早出晚歸的日子，與母親見面的時間也少了，所以即使她對我有再多的不滿也很難找到機會宣洩。

不過，上有政策，下有對策，我以消極的逃學離家來反抗母親，她自也有一套治我的方法。日子久了，我大約也知道母親能忍受的程度為何。

「哇，慘了，八點了，我該回家了！」停下彈吉他的動作，我急急忙忙地拿起書包就要衝出朋友家，他一把抓住我的領子。

「八點還很早耶！幹嘛這麼急匆匆的？」

「最近不能待太晚啦，我怕我媽會把鎖換掉，如果那樣我可就慘了。」我不為所動，一臉嚴肅，任憑朋友放聲大笑，一點也不覺得有趣。

——因為，門鎖被換這件事是真的發生過。

那陣子，為了避免母親每次看到我就總是碎念成績，所以我老是在外玩到三更半夜才回家，直到有一次，我一如往常地拿出鑰匙，然後發現鑰匙與孔根本對不上。

結論就是：門鎖換掉了。

——原本是打著不想見到母親的如意算盤，結果還是要按電鈴將她吵醒，再被臭罵一頓。

衝突之下漸漸積累的是內心的空虛，明明都是母親的孩子，大弟因為成績好而備受寵愛，小弟因為年幼而得到關注，為什麼只有我在成績與母親的期待中苦苦掙扎？

我不滿過；我抗爭過。

試圖用逃學和不讀書來讓母親知道我不願再受到她的期望束縛，最終得到的仍舊是空虛的心情，我用很多課外活動的時間去學習我有興趣的一切事物，但親情的折磨如影隨形，不論我外在表現得多麼開心，我仍然缺失些什麼。

與母親的衝突讓我的防備心加重，對人對事，我就像隻刺蝟，在尚未受到傷害之前，就豎起了尖爪。這個態度不只是表現在我對家庭的對應，也展現在學校、工作，在一切與我有交流的人事物之上。

在學校，我有很多朋友，會一起翹課，四處遊玩，但從不交心，很多時候，因為我總是帶刺的說話方式，讓同學對我又畏又恨。

「譬如北辰，居其所，而眾星拱之。」

當同學對我有任何我覺得不敬的地方，我就會引經據典，一方面既表現出我厲害的一面，另一方面則是讓人找不到更厲害的話來反駁我。

因為在家裡得不到如同兩個弟弟那樣的疼愛，所以在學校這樣的表現，就像是為了尋找補償，以彌補親情的缺失。我嘗試讓大家尊敬我，表現得光鮮亮麗，結果似乎很成功，但仔細一想，就會瞭解到，其實朋友都是基於畏懼才與我來往的。

出了社會，在校成績從未名列前茅的我反而升遷得比別人都快，一方面是我能夠將看過的東西很快背起來，雖然不是博學多聞，但勝在頭腦靈活，不會只是傻傻地死讀書，還會應用；再加上我英文好，與國外客戶溝通順利，在上司的眼中自然加分。

所以不過一年的時間，我就升上了管理階層，有著一個面積雖然不大，卻是空間獨立的辦公區塊。

還是新鮮人的時候，我尚有所收斂，嘗試表現出謙虛的模樣，等到職位越升越大，那麼骨子裡的驕傲又悄悄冒了出來。當然，我自認不是那種會有無理要求的主管，只是長年不苟言笑，又總是深鎖眉頭，再加上帶刺的說話方式，讓部屬對我總是敬而遠之。

我對自己要求十分嚴格，對於部屬，更是嚴格異常。

首先，我最討厭推託，更討厭有人答非所問，只要不能在兩句話內回答我的問題，我必定會生氣。

「所以你到底什麼時候可以把案子完成？」我坐在椅子上，瞪著那唯唯諾諾，又不敢正眼看我的工程師，說話毫不留情。

「我等等十一點要開會、十二點要……。」

「說重點！不要浪費我的時間，我問什麼你就答什麼！」一聽到辯解的話語，我眉頭擰得更深，一個大吼就打斷他虛弱的言語，穿梭在辦公室的人們明顯一僵，同情地看著在我面前幾乎失去顏面的男人。

「一點！我一點整要看到報告書在我桌上出現。」

我失去耐性，下了最後通牒之後，扭頭就走。辦公桌林立的走道有些擁擠，我繞到一旁，打算從另一個辦公區穿過，這時另一位屬下沒看清形勢，直接撞上了我憤怒的槍口。

「經理，請問一下，你早上說這個產品要怎麼改啊？我現在再看，還是不太清楚耶。」

或許是太過生氣，我反而一言不發，只是斜瞪著看他，直到他縮起身子，一臉害怕，才冷冷地開口：「你要問我第二次？那我去跟誰問第二次？」

冷言冷語地回應之後，我不再看他，也不打算重教，繞過面前瞠目結舌的下屬繼續前進。

為了轉換心情，我決定到電腦室去關心進度，見到其中一個佈局工程師正在苦惱一個關卡過不去，我一眼就看出是因為她的電腦設定出了錯，而這個錯誤會在跑下一個程式的時候被抓出來並且被修正。所以我只是站在她的後面靜靜地觀看，也不打算出言提點，只是沉默地看著，然後不發一語地離去。

等到我再回來，有個同事匆匆忙忙地跑了過來。

「不得了，我們的佈局工程師哭了耶！」

同事話中的內容讓我不知不覺深鎖眉頭。

「有什麼好哭的！」

「就她剛剛從電腦螢幕的倒影，看到你站在後面一直看啊，看完又好像很生氣地離開，所以她很擔心你在生氣才害怕到哭啦！」

得知原因後，讓我整個啞口無言，為什麼明明沒有開口責罰任何人，所到之處卻像是一個令人不寒而慄只會處處挑人毛病的惡主管？

我的人生似乎在某處開始就出了問題，從童年到成人，都沒辦法與人建立起溫暖而互信的關係，總是互相傷害，在彼此心中留下傷痕。

儘管如此，但我想，以世人的眼光來看，我應該算得上所謂人生勝利組的一員，不敢說多才多藝，但也是有許多過人之處。我很會寫書法，擁有一副好歌喉，不論打球或游泳，甚至國術都難不倒我，雖不能說是樣樣精通，也算得上通通不錯。

家裡面，我尚有一位美麗賢淑的妻子和乖巧孝順的兒子，工作也稱得上一帆風順，外人看來，風光無限，令人羨慕。但其實被華麗外表包裝的我內心空虛異常，我有許多支持我的表象事物，但真正的內在世界卻是空蕩蕩的，什麼都沒有。

我想，或許是因為某一部份的我始終未曾被滿足，那源自於很小很小，童年的我累積起來的諸多不滿，讓我在內心始終有一塊過不去的疙瘩，沒辦法被撫平的不滿，最終增長到整個情感都被壓縮，所以內心只餘留滿滿的空洞。

「我幫你報名了企業營，時間就在明天晚上，要記得去喔。」踏出浴室的時候，正拿著熨斗將我的襯衫燙平的妻子瞥了我一眼，狀似無意地說道。

「明天？」拿著毛巾的我擦著正在滴水的頭髮，一臉困惑，「我明天已經有行程了喔，有一場演出要去。」

「推掉推掉，去看看企業營吧，很難得的！」

「你說什麼！都沒跟我商量還決定我的行程，我才不幹！」

我瞪大眼睛，憤怒地對著妻子說道，不過她完全不為所動，還有著閒情逸致將襯衫甩一甩，掛到衣架上，才挑起一邊的眉毛看著我。

「我不管，你給我去！如果到那邊之後，讓你感到不高興的話，你想立刻離開我都不會怪你。」

結婚多年，看著妻子的表情我知道她是認真的，她一般總是順著我的意思，但一旦有所堅持，而我不照著做，那就有得吵了。

所以我去了，意外的，我在那邊不只待一個晚上，而且還待到企業營結束，之後，我甚至開始跟著妻子一起去參加佛法讀書會。

如果要說為什麼我沒有當場就翻臉走人，或許是因為，企業營當天講課的如證法師那溫和的嗓音浸潤著我，意外地撫平煩躁的內心。

企業營結束後的學習，則有賴於十分瞭解我的妻子的帶領，知道我喜歡唱歌，所以她總是用可以盡情歌唱的理由又拐又哄讓我去上課。

但真正讓我持續學習的動力，不過是貪圖一種非常熟悉的感覺——上課用到的錄音帶教材中，負責講述的日常老和尚有著一種接近上海口音的外省腔，那讓我備感親切，因為舉家都是從大陸過來，平常居家跟長輩們都是用上海話交談，所以對那樣的口音有著一種近似鄉愁的喜愛。

為了那一點熟悉的感覺而不間斷學習，卻漸漸地在一堂又一堂的課程中聽到了些足以改變自己的關鍵。

日常老和尚說，待人處事，要多代人著想，不要只看自己，多看看別人。或許，正是因為我一直缺乏這點，所以這句話才這麼容易打進我的心裡。我的痛苦源自於兒時的不滿足，這個不滿足擴大到了最後，影響了我的學業、工作，但這些痛苦其實追根究柢，不過是因為我緊緊抓著自己那一點點的空虛而不斷放大。

一直以來，我認為造成這些不滿最大的源頭，是來自母親從不滿足我的要求，但是，這樣的想法，是不是也是只看自己，而沒有為母親著想呢？

總是教導我書中自有顏如玉的母親其實並沒有讀過太多書，我想過，明明沒受過什麼教育的母親，為什麼對於我們幾個孩子的成績如此斤斤計較？後來發現，或許就是因為她沒有讀過書，所以才更重視這一塊。

她說，她覺得自己很吃虧，因為在大家庭中，什麼事都沒有她可以說話的餘地。

身為一個女人，嫁到大戶人家當媳婦，卻不受重視，再加上以前重男輕女的觀念影響，母親被視為父親的附屬品，更像是服務一個家的一個存在。對家族的人而言，母親只要做好份內的事，其餘的，不要多嘴，最好是沉默得如同擺設。

再加上渡海來台後的我們家，家境其實並沒有以往富裕，即使需要花費，母親也沒有資格討要，所以儘管操持一個家，但在錢的部分，是根本沒有自主權的。

家中的經濟由奶奶一手掌握，母親就連拿個錢看醫生都要不到。

「我以前都還要幫人家做保姆，才有錢可以看醫生，手頭上都沒有錢啊，真的沒有。」

母親總是會這樣抱怨著，以前只覺得聽著煩，現在卻覺得她很艱辛。別人眼中的少奶奶，卻拮据到還要去外面幫傭，這樣的轉念，讓我對母親的苦楚似乎能夠感同身受。

所以母親希望我們幾個孩子都能出人頭地，能夠在社會上、家庭中有一定的地位。要怎麼達到？母親得到的結論就是讀書，讀得好才能出頭天，所以對她而言，跟書沒有關係的事情都是壞的。

因為我不曾理解她的用心，所以衝突也就如影隨形。

求學階段的我，應該是讓母親操了不少的心，也受了不少的苦。那時，我總是一直玩、逃學、翹課，看著這樣的我，母親從打到罵，從憤怒到沉默，試過不同的管教方式都沒有成效。

母親曾經導出一個結論，她認為我都不讀書的主因一定是外務太多，於是考大學的前夕，母親將所有她覺得會影響我考試的人事物都排除在外，就連同學打電話過來，只要是被她接到，必定會先朝對方來個毫不留情的訓斥。如此高壓的手段讓我憤恨不已，但人在屋簷下不得不低頭，那時我告訴自己要忍氣吞聲，不要因為這樣影響自己的心情。

雖然求學階段總是翹課逃學就這麼地混過了，但即將來臨的大考可不會因為我的荒唐而延遲舉行，所以最終我仍是需要好好靜下心來坐在書桌前讀書。我拿著筆，在課本上有一筆沒一筆地畫著，不知到底讀進多少，但看似努力的模樣讓母親的心情好了不少。有一個晚上，她端著神祕的微笑，背著手走進了我房間。

「我的朋友都被妳得罪光了，妳還來幹嘛？」

看見母親，我沒有給她多好的臉色，衝動的話語脫口而出，但她依舊笑咪咪的。

「你好好念書，考得好一點，考完就可以安心去玩了喔。」她將手從背後露出，那雙帶著些許皺紋的手掌上拿著一整疊的鈔票。看著那一疊的錢，我先是嚇了一跳，然後覺得母親終於開竅了，居然會主動拿錢給我。錢，我是欣然接受了，而心裡卻只是盤算著要怎麼去花這筆意外之財，心態不見得有什麼轉變，依舊讓她操心不已。

直到現在，回顧這一切，我突然驚覺母親為了我做了多少的改變。一直奉打罵教育為圭臬的母親第一次換個方式鼓勵我，而我卻完全沒有意識到對拮据的母親而言，金錢是多麼重要的東西。她將私房錢拿出來，只為了鼓勵我，那之中包含了多少的希望與期待，是我不能想像，也不敢想像的。

開始回顧與母親的點點滴滴，我才看到那些她曾關心我的瞬間。

小時候頑皮的我曾在跳下鞦韆之後被甩了回來的座椅打到耳朵，之後我的左耳開始發炎，流膿，檢查過後才知道得了中耳炎。醫療條件不好的那時，中耳炎大約跟絕症畫上等號，是治不好的，只能不斷地看醫生來遏止症狀的發作。醫院卻距離我們家有一段距離，小孩子的腳程走不到一半就累了，我覺得耳朵又痛，腳又酸，忍不住鬧起彆扭，蹲在地上就不起來了，母親嘆了口氣。

「毛病怎麼這麼多？」

一邊抱怨著，她依舊蹲下身子讓我趴上去，將我背起的母親，瘦小的身軀散發著皂香，讓我開心的雙腿直蹬，然後被不輕不重地拍了一下屁股。看醫生的程序一直都是一樣的，掛號、擦藥、拿藥，然後就可以穿過一個小小的公園，原路返回。

去完醫院，耳朵的疼痛緩減了，精神也就跟著回來了。我踩著母親的影子蹦蹦跳跳，準備返家，只是走到公園我卻不幹了，抱著公園中間的遊樂器材大喊：「我不要回去！好不容易出來一趟，我要在這邊玩！」

「不行啊，我現在要準備回家煮飯了，你不要鬧了，快跟我走！」

「我——不——要——！」

眼神堅定，語氣堅決的我大聲吶喊，母親困擾地直搖頭，沉默了半晌，她突然朝旁邊走去，我好奇地觀望，但依舊緊緊抱著柱子，深怕一個不注意就被拉走。只見母親走到旁邊的樹蔭下跟一個帶著大包小包的攤販交談，然後她便拿著一顆排球朝我走來，那個球還被一個漂亮的紅白相間的網子罩著！

我不知道母親是出自於什麼心態才買了那顆球，我理解的只有：等等可以盡情地玩了。

我抱著球，開心地尖叫，跳上跳下地跑著，母親難得買給我的玩具，珍貴得讓我連拆開包在外面的網子都捨不得。我小心地試丟了一下，只覺得那黃色的圓球連跳起來的弧度都帶著俏皮的感覺，忍不住咧嘴大笑，抱著球就往遠處用力一丟。

得意忘形的下場是那顆排球就這樣滾了出去，彈了幾下後掠過身旁母親坐著的亭子，掉進了水池中。被風一吹，那都沒拆開過的球就這樣越漂越遠，我短短的手連搆都搆不著。

我張大嘴，看著那顆搆不著的球發楞，連失去的悲傷都來不及反應，就聽見坐在涼亭的母親大力地拍著大腿的聲音。她一拍腿，然後矯健地站起，一點都沒有因為我把球弄掉而生氣，甚至唇邊還泛著有點狡猾的微笑。

「你看，弄掉了吧，沒得玩了，回家！」

簡潔有力的結論，讓我瞪大眼睛。

「媽，球！幫我撿球啦！」

「沒門！回家了！」

最後到底有沒有把球撿回來，我忘了，但是那時母親提著排球朝我走過來的模樣，卻讓我印象深刻。

時間沖淡了記憶，長大的過程，我忘記母親對我的好，不再對她笑，不再趴上那不算寬厚卻溫暖的背，留給她的只有無盡的擔心。只看著母親嚴格的一面的我像是被一層迷霧給籠罩，為什麼從沒有看到母親關心我的一面呢？我不知道當時的自己怎麼了，只知道現在的我感受到了近乎疼痛的悲傷與感動。我終於開始放下了，直到不再執著我覺得她對我不好的一面，我才驚覺一直以來自己的堅持是多麼愚昧的一件事。

我想，母親是愛我的，只是她有許多要背負的責任；有許多需要她操持的家務，於是只能用要求來表現她對我們的關心。我一直以為在親情的關係中，受委屈的人是我，現在挖出來仔細一瞧，母親其實嚥下了許多苦楚，只為了能讓我們生活得更好。

這麼一想，原本遙遠而陌生的母親，瞬間在我心中親近了起來。

——我想更親近她，我希望能對她更好。

這個念頭在我腦海不斷迴響。

母親其實一直以來都是用同樣的態度對待我——嚴厲，卻又帶著關懷。從我的孩提時期到現在年近半百，她從沒變過。

「阿偉啊，今天要記得回家吃晚餐喔，我會煮羅宋湯。」

數十年如一日的叮嚀傳來，以前只覺得母親嘮叨不休，連我是不是在家用餐都要管得死死的，一點空間也不願給我，現在卻覺得是溫暖的關心。

好奇怪，明明只是換個角度思考，為什麼想法跟心情會差這麼多呢？

想法開始改變之後，我儘量能夠早些到家就努力回去，一開始的確彆扭而尷尬，但久了，漸漸變成習慣。這讓我思考著一件事，我在想，是不是在與母親的關係中，其實應該改變的是我？

我看著母親的背影，不知何時，她原本總是端正站著的姿勢，因為背部的佝僂而微微的歪斜，原本因為照顧家中而忙進忙出的步伐也緩了下來。歲月匆匆，我年紀大了，母親也老了，我的青春期一直持續到了中年開始學習佛法之後，才宣告結束，但是對母親的關懷才正要開始。

——還好，一切都不算太晚。

我走進家門，母親的房內傳來電視的聲音，其實，我一直都知道她愛看電視，也知道她怕打擾我們，所以放棄客廳舒服的沙發與寬大的螢幕，選擇縮在自己臥房的床上，盯著小小的電視機。

對於母親的委曲求全，我一直都有看見，卻一直視而不見。意識到這件事情，強烈的感慨從心頭湧起，母親已七十好幾，我卻未曾與她有任何深刻的交流，那一刻心頭一動，我難得地踏進了母親房間。

昏暗的房裡，母親微微駝著背部坐在床緣，歪著頭看那散發著幽幽藍光的電視機，講著一口流利上海話的她，正似懂非懂地看著面前以閩南語為主的長壽劇。

「媽，」我呼喚著，她望著我的眼神帶著疑惑，也好像有著期待。「妳要不要跟我一起到客廳看電視啊？我今天很想看，不過又不知道內容，妳能不能講給我聽聽。」

「好啊，我跟你說，現在正精彩，剛剛那個男的外遇被抓到了……。」

母親一邊叨叨絮絮地講解，一邊拉著我向外走去，離開陰暗的房間，客廳的亮度讓母親瞇細了雙眼，我反手扶住她，和她一起在褐色的沙發坐下。

電視的劇情我不太記得了，只記得母親向我講解劇情的那個笑容，和從那一刻就流進胸膛的暖意。我很難形容那瞬間激動的心情究竟怎麼回事，但那細微的感動順著心緒的轉變傳遞到四肢百骸，我難以忘懷。

坐在電視機前面，我可以為了聽不太懂閩南語的母親講解現在的劇情，而她會與我分享看到這樣的情節有什麼想法，雖然只是日常的對談，但是很溫暖、很溫柔。

我的工作很繁忙，邀約也總是填滿了整個行程表，以前的我會讓自己的生活越充實越好，最好滿得讓我不用去細想內心的空洞，現在我卻不覺得內心的富裕來自行程是否充實，真正的滿足是心中不再憤懣，不再為了與母親的關係痛苦不已。

我儘量將晚上的時間空下來，因為那是屬於我與母親的時間。

同事說，我改變了很多。以往總是尖牙利嘴，不許人多問一句，也不讓人有任何犯錯的機會，卻在不知不覺中消磨了許多銳利，多了分平和。我不大會生氣了，甚至開始會關心部屬。

「老實跟你說，你昨天真的嚇到我了。」

「嗯？妳怎麼突然這麼說？」

「因為你和以前相比太不同了。」

我停止了打報告書的動作，一臉困惑地看向同事，其實我是有感覺的，關於自己變化很多這件事，但沒想到會有人直接對我指出這一點。

我開始回憶昨天有發生什麼事，竟讓同事有此一說。

昨晚，雨下得很大。

淅瀝淅瀝的雨聲打在地面濺起水花，我站在門口看著在昏暗的夜色中不斷落下的雨絲，擔憂地皺起眉頭。天氣惡劣，但車子仍不減速度地奔馳，看得我都覺得膽戰心驚。

「我先走了，您也早點下班啊！」

一旁的同事提著公事包準備回家，滿臉笑容地向我打招呼。

「雨下很大，你有沒有帶雨傘？」

我叫住了他，帶著憂慮的關懷，而被我這麼提醒，他笑容轉為驚訝，像是沒想到我會這麼說。

「我真沒想到你會提醒別人呢，」同事的聲音將我從昨晚看到的那張充滿驚訝的臉的回憶中喚回現實。「我這麼說你別介意，畢竟你以前連話都懶得跟我們說呢。」

說完後，她爽朗地笑出聲，我也跟著彎起嘴角。

以前那個滿身是刺的我，那個對所有人都刻薄、也讓自己充滿痛苦的我，在時間的流逝與沉澱之後，開始懂得關懷與愛護他人。

「對了，這個給你。」同事從口袋抽出兩張餐券，「我本來是要去吃飯的，不過臨時有事情必須去處理，不去太可惜了。」

「啊，謝謝妳。」伸手拿過餐券，一個想法在我腦海成形。

「媽，你今天不要煮菜，晚上跟我兩個人出去吃吧。」

站在水槽洗著早餐用過的餐盤時，我假裝不經心地說道，內心卻忐忑不安，我從沒有和母親兩個人單獨在外用餐的經驗，以前是做不到所以沒做，現在想要嘗試了，卻緊張得想打退堂鼓。

「幹嘛去外面吃，外面有跟我燒的菜一樣健康又好吃嗎？」

母親擺了擺手，嫌棄地搖著頭。我知道她的想法，節儉成性的母親是擔心花錢，所以在嘗試之前就先看到在外用餐的壞處，說服自己在家吃飯就好。

「這不一樣耶，這個是人家送我的餐券喔，不用浪費！」

「不用錢喔？」

我一看她的態度就知道母親大抵已經點頭一半，只要再多點推力，那事成就是不遠的事情了。

「那就這麼決定了，媽，我傍晚五點來接妳。」

「啊？等等啦，我……。」

「不說了，我再不去上班會遲到，先走了！」

快速截斷母親想要說出口的話，我用一種獨斷的態度下了結論，然後提起公事包便向外逃逸，深怕走得太慢會聽到拒絕的話語。

那天，我們達成了人生第一次的雙人約會。

以前即使出去吃，也都是全家一起，母親還會從第一道菜出場開始便嫌棄到最後一道，抱怨連連。這次，母親應該是知道這是我特別安排的一場約會，所以難得沒有講些什麼，只是帶著有些害羞的笑臉接受我幫她點的菜色。

好難得，卻也好開心。

其實，我們也不過如同平時一般地話家常，說些生活的瑣事，但內心的激動卻比以往更甚。或許在很多人的家中，和母親單獨吃飯是稀鬆平常，甚至不值得拿來說嘴，但這卻是我長達五十七年的叛逆過後，終於達成的一件事情。

我與母親，漫長地，漫長地相互傷害著的時間，終於畫下句點。

我的母親今年八十歲了，我很慶幸我有改變的機會，因為開始學習佛法，我得以在她仍健康的時候，與她吃吃飯，說說話。

「母親，我愛妳。」這類的話語我仍未曾說出口，過於理性而難以表達感情的我，習慣將所有的激動藏於心中，拙於開口，所以我只能以行動宣告我對母親的愛與關懷。況且不論什麼樣的話語或禮物，其實都很難表達我內心澎湃的情緒。

但是我對母親的愛不會因為沒有說出口而消失，正因為感動無法言語，所以說不出來，但那些感動深深地沉浸在心中。

曾聽過一句話：「改變，永遠不嫌晚。」或許是我最好的體現，五十幾年以來，我固執地保持堅固的外在，讓我的心與母親的心遙遠地隔絕，直到我願意融化那層屏障，我們彼此對對方的關懷終於能相互流通，我很慶幸，我有時間改變，有機會改變。

無價的禮物

押上了花樣年華，
才換得差強人意的家庭生活，
而離婚是這麼簡單，
白紙黑字寫得明白，
一切便戛然而止……。
人生劇場上快速地登台換幕，
我，究竟得到了什麼？

曾春花

暖洋洋的太陽，曬得我有些昏昏欲睡。農場的工作在淡季時特別悠閒，單純做著育苗、嫁接與出貨這幾件事，雖然有些平淡，但最大的優點是可以曬到和煦的陽光，很舒服也很溫暖。

從沒想過現在的我會過著如此平和的生活，在不久以前，我甚至忙碌得像是一天有四十八個小時，如同一顆陀螺般不斷打轉。

那時因為丈夫在外地工作，我必須獨力撫養三個孩子，每天從清晨開始就得圍著他們團團轉，除了打理三餐，更要接送他們上下學。最重要的，在完成家務之餘，我還得找到空檔去工作，以維持生計。

忙碌的日常，並不會因為每天都要經歷而變得熟練，尤其在照料小孩這件事上，更是有許多意想不到的挑戰等著我去克服。

「媽媽，我想要留長髮。」

一日女兒撫著自己剛吹好而顯得蓬鬆的短髮，語氣童稚地要求。我愣了愣，但心裡也覺得沒有阻止的理由，會讓她維持短髮，不過是貪圖吹整快速，再加上女兒一直對外形沒有特別地追求。現在她既然有自己的想法，也沒什麼好阻止的，只是我在答應之前，加了個但書。

「可以啊，可是留長髮是妳決定的，所以頭髮要自己吹乾，吹完媽媽也不會幫妳綁。」

「最重要的，吹風機必須自己收好，即使這樣妳也要留長髮嗎？」我蹲下身子和女兒對視。

一條條的要求顯然讓女兒感到有些迷茫，但純真的她並不為此而退縮。點了點頭，她伸出手打算接過我手裡的吹風機，像是要從今日開始練習留長髮後的生活。

「等等，我先示範給妳看。」指揮女兒放下手臂，我看著女兒的臉點點頭，為了讓她能更清楚收拾的流程，我將手放得更低。

我的性格素來是不做則已，一進行必定得做到盡善盡美，這個原則不會因為女兒還只是個大班的孩子而有所改變，該怎麼做就怎麼做，絕不馬虎。在過日子這塊，我一向有自己的想法，所以即使連收拾吹風機，也有一套要遵循的規則。

「收拾吹風機的時候，要用一個叫做八字繞法的整理方式。」

「八……字……繞……法……？」

我一邊講解，手上一邊不停地動作，女兒跟著複述了一遍，她嘗試跟著我的動作，舞動的手臂看來十分不協調。顯然，這個整理的方式對一個六歲大的孩子來說，仍是太過困難了一些，但我沒管那麼多，在示範了兩次後便將吹風機交給了她。

她第一次的嘗試和我預料的一樣，以失敗為終結，我扶著下巴，看了又看，感覺女兒的失敗彷彿沒有盡頭，這不禁讓我在內心嘆了一口氣。

——這個笨拙的孩子。

「媽媽有點累了，我先去休息，妳整理好再來叫我。」

秉持著時間就是金錢，我揉了揉女兒的頭髮，就這麼地站了起來，將與吹風機奮戰的她丟在客廳的角落，逕自地回到房間睡覺，內心也抱持著一絲說不定她會因為做不到而放棄的想法。

躺在床上沒多久，我就睡著了，進入夢鄉後便很難感受到時間的流逝，在無垠的夢境裡，我未曾感受到真實世界已過了多久，連女兒是否上床都拋諸腦後，直到感覺有人正輕輕搖著我，才睡意朦朧地睜開眼睛。被遺忘的女兒站在床前看我，拿著終於整理好的吹風機，甜甜地笑著。

「媽，我整理好了！」

我一愣，抬頭看了一眼放置在床頭的鬧鐘，才驚覺這個非常有韌性的女兒獨自跟「八字繞法」努力了一個多小時。

我對小孩的教育，一直都是那樣，用嚴厲，甚至有些不近人情的面貌，想要訓練小孩的自主能力。**我嘗試剖析為什麼會這樣教育小孩，定心思索，發覺我一切的觀念都必須追溯到很久以前，那個接受了同樣教育、兒時的我。**

——太陽很曬。

我抹了抹汗，站在父親用磚塊畫出的圓圈中，既不能休息，也不能玩耍，只能筆直地站著，陪伴我的只有在蔚藍天空中獨自散發熱度的太陽。

這樣的場景在我的童年生活並不少見，調皮愛玩的我在跟著堂姐妹們四處奔跑的過程中，總會闖下一些說大不大，卻也無法一笑置之的禍，每當這種時候，爸爸的處置方法就是在庭院中畫下一個小小的圓，不打也不罵，只是讓我站在圓圈中頂著豔陽罰站。

對一個好動的孩子而言，只能站在圈圈中，比被痛打一頓還要痛苦。

從小我的教育便是由父親主導，嚴厲的他在家中訂下許許多多的規矩要我們遵守。如果違反了，那就慘了，只能咬緊牙關接受處罰。

母親很早就過世了。失去她的那年，我兩歲，正值蟬鳴聲此起彼落的六月，在悶熱難耐的夏季夜晚，母親選擇在門前的榕樹自縊。起床的時候，她已經被人安置在地上，白色的布蓋在她身上，顯得刺眼。

那時我在房內透過窗戶向外看，外頭的景色被那框住窗子的鐵條切割得破碎，而當時，我尚未意識到——母親永遠離開我了。

沒來得及感受到母親留下的空隙，父親便帶著我們幾個孩子回到屏東鄉下的老家，那是個偏僻的地方，附近有一間離家不遠的雜貨店，既靠山又臨海，寬闊而美麗，在那裡的生活歡快而恣意，我喜歡順著不同的鄉間小路或田埂四處奔跑。被樹給包圍的家，有一面是遼闊而湛藍的大海，朝另外一邊跑去則是蒼翠而綿延的高山。

幾家人同住在一棟三合院，孩子們很快地就混熟，一起四處狂奔探險。同齡的孩子鬧起來可以有讓大人崩潰的本事，每到這時候，我總會被父親拎到一旁，狠狠教訓一頓。

綽號彌勒佛的父親，在板起面孔來的時候，嚴厲得像是另外一個人。當然，就像凡事有好有壞一樣，父親有他嚴厲的一面，也有寬容而開明的樣貌。

記得那個年代，家裡面沒有水龍頭，每次吃完飯，總要捧著大大小小的碗盤走過三合院的庭院，才能到另一頭的井邊，然後再蹲個一段時間才有辦法將污漬沖洗乾淨。有一晚，我終於將碗盤洗乾淨，伸展了一下有些僵硬的背脊，因長時間維持同樣姿勢的身體，彷彿傳來喀啦喀啦的抗議聲。深吸一口氣，我戰戰兢兢地捧著碗盤往廚房走去，盤算著等會兒要做些什麼，不料，腳卻被門檻絆了一下。

「啊！」

這下慘了，只聽到「哐噹」清脆的聲音響起，整疊的碗盤就這樣裂成了大小不一的碎片。

——完蛋了。

看著地上的碎片，我只覺得冷汗直流，還在擔心著會受到父親怎麼樣的責罵時，就聽到他低沉的聲音從後面響起：

「還不快拿掃把掃一掃。」

我轉頭，父親那張總是板著的臉孔並沒有像我想的一樣帶著不悅的情緒。秉持著多說多錯，怕解釋太多會被念太愛找藉口，也擔心如果問他為什麼不生氣，反而會引起火山爆發，我立刻乖覺地先行道歉：

「爸，我……對不起！」

「妳也不是故意的，破掉就算了，快打掃乾淨。」

他擰著眉頭，揮了揮手，這件事就這樣雲淡風輕地揭了過去，卻重重的在我心裡留下了深刻的印象。也許，是因為一向嚴厲的父親表現得如此寬容，又或許是因為，他沒有緊緊地抓著一個意外的疏失不放。

後來再回想，我才發現父親雖然總是嚴厲地教導著我們，但是他從沒有要求過什麼不合理的訓練，也不曾要我們表現得多出人頭地，他只是要我們能夠分辨，什麼樣的事情應該要做；什麼樣的事情要避免去做。

這個觀念被父親徹底執行在我身上，也讓我帶著繼續沿用在我的孩子們身上。在教導小孩的時候，我就像父親一樣，嚴格地教導他們，希望他們可以自主獨立，但又寬容地對待那些並非刻意犯下的疏失。

對於我這樣一個處處要求的母親，孩子們沒有半點怨言，總是被我喊笨的大女兒憑藉著毅力，不斷努力學習；天資聰穎的二兒子，會乖巧地幫我分擔家事；鬼靈精怪的么兒則讓我們的生活充滿笑聲。

就旁人看來，有這樣三個乖巧可愛的孩子，生活應該是十分幸福的，雖然三個小孩的確讓我感到溫馨，但在我內心深處，依舊有著憤懣——我不滿著我的婚姻，也不懂為什麼明明有個丈夫，我卻需要一個人照顧孩子？

我和先生會結婚，並不是出自多浪漫的理由，只是認識了、交往了，因為貪求一個安穩的生活，所以順理成章就成了夫妻。透由結婚證書那張薄薄的紙，我和他從兩條原本完全平行的橫線，被擰成一條解不開的繩。

自此，我的人生泰半的時間與他共行，卻沒有想像得圓滿。

在夫家的生活，或許可以用四面楚歌這四個字來描述，小姑們都不喜歡我；公公不疼我；婆婆也對我有極深的成見，最慘的是，我的丈夫根本就不支持我。

本來我以為結婚是我與他之間互相扶持的事情，在婚後才認知到，所謂結婚，不是嫁給一個人，是嫁給一家人。我認命地接受這個事實，想要努力成為他們的一份子，只是這件事的難度並不是普通的高。

與人相處對我而言並不是件困難的事，不過與一個有閩客情結的婆婆相處，就不是一件容易的事了。

首先，身為客家人的我在她心裡便被打了一個大大的零分，做得好不一定會往正面加分，做不好必定是大大扣分。其次，對於一個十分有個性、自我主張又強烈的媳婦而言，必然不是會討婆婆歡心的類型，那更是加快了從零分走向負分的速度。

好吧，負分就負分吧，偏偏我又不服軟，這下衝突只會越演越烈，直至一發不可收拾的地步。

讓情況走向不可挽回的那個導火線，是懷二兒子的時候，那時因為身體狀況比較虛弱，擔心對孩子有不良的影響，所以我決定辭掉工作在家休養。難得長年在外工作的丈夫也特地回家一趟。沒了工作壓力，丈夫又在身邊，本該輕鬆愜意，竟沒想到婆婆在那時候來向我要錢。

我不是個會因為錢而吝嗇的人，但當時剛買房子，還有許多貸款要繳，工作也剛辭掉，只靠存款過活，生活實在是捉襟見肘，真的沒有辦法騰出一些錢來給她。

講話一向直接的我，當下就回了這麼一句：「我沒有錢，你要錢就跟你兒子拿。」

「妳這個不孝的媳婦！」

婆婆聽到我不但不給錢，還讓她去別的地方想辦法，當下便氣得抄起放在桌上的蒼蠅拍，往我身上用力打了幾下。剛被打的時候，我尚有些不敢置信，漸漸的，那顆不服輸的心燃起了火，連自己正懷孕都忘了，我憤怒地掄起拳頭就要衝上前。

「等等！等等！」

本來坐在一旁喝茶的丈夫趕緊擋在婆婆面前，緊張地對我喊著。

「妳不要跟媽媽爭，有什麼不是，都不該這樣忤逆長輩！」丈夫的一番話讓原本就怒極了的我這下更是氣到七竅生煙。

「你讓我不爭？我怎麼可能不爭！如果說我今天做錯了，那我就認了。但是今天我有做些什麼嗎？沒有啊！明明沒做什麼，卻平白無故被羞辱，要我怎麼不爭！」

那把憤怒的火一旦被點燃，就難以熄滅，加上我又是個拗脾氣，事情只會越演越烈，直至無法回頭。

從那件事以後，有長達十年的時間，我一句話都不跟婆婆說。該怎麼樣服侍公婆，我就怎麼樣做，洗衣、煮飯抑或是家務整理，我樣樣做到最好，就是不叫她、不與她說話。對我而言，從婆婆打我的那刻起，我就不再尊敬她了。

與丈夫的家人如此水火不容，那跟他的關係更是好不到哪裡去。

沒有享受過婚姻的甜蜜，自結婚的第一天起，我就住在家裡，而身為警察的他住在宿舍，有放假才回來，基本上聚少離多，本來就沒什麼情感基礎的我們，感情因此更加淡薄。

沒有丈夫在身邊的生活，我一肩擔起照料一個家的責任，名義上我有個丈夫，事實上，除了多了三個孩子，我的生活依舊像是未婚一樣，經濟我獨立、家庭我自主。為了錢在外面打拚的衝勁，讓認識的人都說我是個女強人，但一個女人太能幹，的確沒有多少讓人疼惜的空間。

我們的婚姻就是這樣，食之無味，棄之可惜，對彼此沒有什麼眷戀，卻依舊維持著寡淡的關係。

關係真正變質的原因，來自於一通電話。

「啊，是，謝謝您的告知，我知道了。」

將電話掛掉，我用力吐出一口氣，心沉甸甸地壓了下來。

——丈夫外遇了。

他的同事不忍心看我被蒙在鼓裡，特地打電話來告知。不是沒有難過，但是生活還是要繼續，深深地將壓在胸口的氣給吐出，向來衝動的我意外地沒有特別憤怒，甚至能沉住氣打電話給他。

「我告訴你，你要對自己的言行負責，你是有孩子的人，做事前不用多想想嗎？再說了，你是個公務人員，不要搞得太誇張，到時候身敗名裂！」

不等他解釋，我用力掛上電話，這或許是我對他最大的反抗。不知是因為早就沒有感情，抑或是因為忙著照顧孩子們讓我無暇多想，除了與丈夫關係更加冷淡，這件突如其來的意外消息並沒有改變我太多。

偶爾我會想，或許正是因為我表現得太過於淡然，所以我那些告誡的話語才沒有產生任何作用，他的外遇行為沒有任何收斂，反而驗證了有一就有二這句話。

第一個尚且還有些震驚，等到了第二個、第三個，我已經能處之泰然，甚至能在他外遇對象打電話來的時候平靜地回話。

「妳評評理，妳老公說只跟我在一起，然後現在又去找別人，我要怎麼辦才好！」

被丈夫拋棄的第二個外遇對象在電話的另一頭向我哭訴，我一點生氣的情緒也沒有，當下只因為太過荒唐而忍不住想笑。

「你們的事，我不管，也不想知道，找來我這裡也沒用。」

我能表現得泰然，但是再怎麼樣將自己置身事外，那依舊是我的丈夫、我的婚姻，不論我在工作上表現得多麼出色，在婚姻上我仍然敗得徹底。我可以端出一副平淡的表面，心中卻隱隱作痛。

不管外表多麼地冷靜，我的內心深處仍有一個過不去的結，我不懂我的婚姻怎麼了？也不理解為什麼我還要繼續在這個家裡待著？

一個又一個的疑問在我的心裡圍繞，卻找不到解答，像是一個已經結痂的傷口，卻仍是一道疤，讓我無法釋懷。

而這些憂鬱的情緒沒有辦法向人宣洩，夫家沒有人會體諒我，我也不可能對兒女吐露痛苦，面對老邁的父親我更是不想再增添他的擔憂，所有不滿只好自己苦撐，鬱結在內而無法吐息。

外在依舊開朗的我內心有著濃重的無力感，就在這個時候，與丈夫分居的姐姐，為了放鬆心情決定到我家住一陣子。小時候和我在田野中東奔西跑，開懷笑著的姐姐，現在連嘴角扯出的微笑都帶著僵硬。

從沒想過自幼就開朗的姐姐，會因為一個男人而消沉成這樣。

除了寬慰她，我沒辦法為姐姐做些什麼。看著她的時候，我同時也在思索著，是不是在旁人眼中，和丈夫感情失衡的我，也是這樣愁腸百結的模樣。

一年的時間過了，在我們家住著的姐姐仍然沒有任何改變，於是她走了，回到台北，依舊憂鬱而蒼白。

「花，我來找妳玩了。」

再次見到姐姐，她笑容變多了，像是變回了以前開朗的、和我四處亂闖的那個女孩。

「姐，妳怎麼看起來這麼開心啊？」

幫她接過手上的行李，我指揮著兒女去打掃客房，困惑地詢問。這個問題像是打開了姐姐的話匣子，她開始興奮地分享著改變的契機——佛法。

原本憂鬱的姐姐去上了佛學讀書會。她說，學著學著，就發現其實很多煩惱不過是庸人自擾，聽著姐姐的分享，我仍不清楚她在佛法中學到了些什麼，但是姐姐那明亮的笑臉卻在眼前閃閃發光，我想，這或許是個很好的東西吧？否則怎麼能讓原本低潮的她看起來如此熠熠生輝。

「妳幫我去問，哪裡有，我也要去學。」

——我想知道，讓姐姐改變的力量究竟是什麼？

之後我便開始了上課的日子，我將大女兒和二兒子送進讀經班，然後自己攜著年幼的么兒去讀書會上課。

後來班上一起修課的人跟我說，當時覺得這個連上課都帶著小孩的媽媽應該很快就不會再來了，沒想到我會這樣堅定的一年學過一年。

「因為這是好東西啊！」我當時這麼回應著。

講課的老師曾經談過一個觀念：死亡並不是終結，我們的生命會在輪迴中不斷延續，在這樣無限延伸的生命中，人與人之間的因緣就此累積，而積累的緣，有好有壞，所有人際關係的苦，都是源自於你和他之間曾有過的傷害。聽到這裡，我積壓在心中的苦悶終於找到了理由。小時候大人總說婚姻是互相欠債，以前我不能理解，現在想想，也許我的婚姻也是欠債，欠的是宿生就留下的傷痛。

所以我才會這麼苦！

只是一個念頭的轉變，我彷彿聽見了淤積在心中的痛開始流動的聲音。我並不是一開始學就有極大的改變，也沒有在一開始聽的時候就大澈大悟，只是那些新的思惟、新的觀念，像是細雨一般細細的浸潤了我的世界，以一種不疾不徐的態度改變了我。

每一次到夫家去，我總是覺得十分不愉快，當年的那場衝突我一直記在心裡，生氣的情緒持續發酵，過不去就是過不去。

那次回去，我依舊沉默地忙進忙出，烹煮飯菜的同時，我拿出了上課的錄音帶播了起來。

聽著聽著，原本蓬勃的怒氣就在那裊裊的佛語中漸漸熄滅，不曉得為什麼，我下意識想起那個已經相對無語了十年的婆婆。當年的那場衝突，將我們溝通的橋梁沖斷許多年，而那些曾有的氣憤在沉默與時間的沖刷下，其實也逐漸地消弭，我只是撐著一口惡氣，不肯跟以前的自己和解。

我一直以為學了佛法之後，我的觀念就不同了，我的人也會隨之不同，但是現在的我，根本與以前毫無差別。

那些對她的冷默從來沒有帶給我勝利的感受，表面上是我不屑與婆婆交談，但我也未曾因此感到快樂，既然如此，我又為何這麼固執？我在讀書會中總是練習著不要只關注別人對你的不好，要多看他人給予自己的好。我能夠在課堂實踐，不斷感受同學的善良，為什麼在生活中我反而做不到？我想要改變，不想要只是糾結在我對婆婆的厭惡。

「不要再揪著以前的錯誤不放了。」我喃喃地提醒自己要試著改變，別一直想到婆婆對我壞的一面，應該看看她是否有令我感謝的地方。我深深地吸了口氣，然後嘗試看到婆婆的好。

說真的，在互相嫌憎了這麼久以後，要看到她的好實在好難好難。婆婆對我有好的一面嗎？

我想不起來了。

只要提到她，就會想到她曾經拿著蒼蠅拍打我的情景，和總是冷言冷語地對我說話的樣子。我忍不住挫敗地嘆著氣，決定換個方向，試著從婆婆的角度開始看起。

我開始回想結婚初期，丈夫對我描述過的婆婆，試著從那些隻言片語中推敲她為什麼會養成這樣的個性？

婆婆是傳統的閩南人，生性刻苦耐勞，嫁了一個愛賭的丈夫，養家餬口的責任都在她身上，自然只能拚命工作，可是為了賺錢，反而疏於照顧孩子，我的丈夫、小姑，他們都怪婆婆，覺得她顧著賺錢，卻從不疼愛他們。

回過頭來這麼思考，我突然開始覺得婆婆很可憐，明明是為了家庭在努力，卻落得一個惡名。同樣身為母親，她的子女不諒解她，我的孩子卻對我孝順異常。

婆婆的努力得到了什麼？公公的忽視、孩子的誤解，還有媳婦的厭惡。

那次向我拿錢，也許是因為手頭真的很緊吧？如果我能多花點時間，傾聽她的聲音，是不是我們也不至於走到今天這個地步？這樣的念頭在我心中不斷迴盪，在那一刻，我第一次對婆婆釋懷，心坎那個十年的疙瘩，在情緒的轉變下，化為無形。

我關掉仍在播放的錄音機，將一盤盤菜端上餐桌，擦了擦手，接著走到客廳，看著坐在電視機前方的婆婆，喊出了聲音：「媽，吃飯了。」

我喚出了十年未曾說出口的稱呼，讓婆婆有些不敢置信地瞪著我，但那些曾經無視她的日子也不會因為我的一聲稱呼就消失，於是婆婆扭過頭，假裝沒聽到。

我並未被這樣的冷漠給嚇到，拗脾氣適時地作用著，如同我因為憤怒一直對婆婆不言不語，我也因為想要與她和解而不斷嘗試對話。

剛開始的稱呼是彆扭的，但是在持續不斷地呼喚中，我叫得熟悉了，婆婆也聽得習慣了，雖然關係沒有變得親密，但至少能正常對話了。我放下對婆婆的心結，以此為起點與過去那個緊抓著一點小事不放的我告別。

我堅信，有捨就有得。當我捨去了一部份緊緊抓著不放的執著，我將感受到更多的自由與喜悅。

我放棄總是執著在婆婆對我的惡的心情，於是那些每次見到她就生起的氣也跟著遠去，我得到了平靜。

第一次嘗試改變，令我似乎快樂了一點，我希望能夠將內心所有的鬱悶與不悅都排解。省視自己內心那糾結的部分——我知道必須改變對丈夫的想法，不改變，那麼將永遠不得解脫。

我怨過他，不懂為什麼我的丈夫不能陪在我身邊？為什麼他不愛我？去思考這段婚姻為什麼一敗塗地？我說不出個理由，就像我從來不理解為什麼丈夫會外遇。回歸到最初，為什麼我會和這個人結婚？我也沒有任何說得出口的原因。

可是，這一切的痛苦是誰的錯嗎？我想，那不只是他或是我的問題，或許是源自於好幾輩子以前，我和他結下的緣，才讓我們這輩子糾纏而痛苦。

我聽過一個說法，關於兩個人能相遇甚至成為夫妻這件事，需要好幾輩子的祈求以及長時間累積緣分，才有機會在某一世的人生互結姻緣。或許我和丈夫在很久很久以前，相互便累積了許多的緣分，只是這個緣，並不是幸福而美滿的，所以結婚之後的我們才無法快樂。

這個想法讓我能更坦然地面對他外遇這件事，再加上學習佛法之後，我瞭解到沒有誰會永遠不變，每個人都會改變，快與慢；看見與沒感覺，不過就是這麼一回事。我以為跟一個公務人員在一起，他可以給予我平靜的生活，但我沒想過人生本就不可能永遠安穩。

在不斷變動的日子中，唯一能把持住的只有自己的心態，不要順著「改變」隨波逐流，不要讓「不同」這件事去影響自身。將這個脈絡想清楚了，痛苦就不再那麼痛苦。此後如果他有回家，我便當成是撿到的，如果一直在外，那就當成丟掉了。

雖然說對丈夫的態度變得更加坦然，但也尚未完全放下，丈夫的言行對我完全不再造成影響的那天，是在某年的母親節義賣前夕。

那時的我開始會去進行各種義工活動，樂於在工作的間隙到有需要幫忙的人們身邊服務。那天早上，我帶著伊甸基金會的少年們去作義賣，也許是因為忙碌，再加上陽光過於熾熱，我開始覺得有些暈眩。

一開始我以為不過是因為休息不夠的後遺症，所以只是在中午稍作歇息便繼續帶著少年們學習怎麼操作機器，但過程中精神卻怎麼都無法集中，只記得一個恍神，手就這麼地被機器給夾了一下。

在所有人都還沒意識到發生什麼事的時候，血開始滴滴答答的直流，我咬著牙朝隔壁的同事呼喚了一聲。

「麻煩送我去醫院，我手指夾傷了。」

他驚恐地看著我，一臉不知所措，在那個當下，我反而鎮靜得不像是受傷的人，整個腦袋想的不是受傷的傷口，而是受傷的話，明天的義賣要怎麼辦？

到醫院簡單包紮後，我開始拚命打電話，除了交代之後的工作，還要請人照顧我的小孩，更要自己處理之後住院的事宜。安排各種事情的過程中，完全沒有空間去思考自己受傷的手，也因此到結束治療之前，我竟完全沒有感受到疼痛。

最後的一通電話，我打給了我的丈夫。

「我現在在台中的醫院住院，可以的話，麻煩你過來照顧我。」

我沒有哭，沒有鬧，平淡地對他敘述著事實。

「我會看著辦的。」

最後他終究沒有給予肯定的回應，我在醫院住了三天，從沒有看到他的身影出現在床前。我想，如果他今天對我還心存一絲的愛意，那麼他不會不來看我。即使不談感情，起碼看在我是孩子的媽的份上；看在我那麼真誠地照顧他的父母的份上，至少也會來見我一面——即使只是口頭的關心，也好過完全沒有音訊。

可是，丈夫卻什麼也沒說，連來病房探望一眼也沒有。

與之相反的，在讀書會認識的師兄、師姐們總是殷切地送來關心，比起完全沒有音訊的丈夫，更讓人來得暖心。

在醫院的時候，師姐會替我照顧孩子們，讓我不用擔心留在家中的三個小孩，在病房中，也會有師姐或是師兄輪番來看顧我，甚至不辭辛勞地帶著三餐來給我。

剎那間，我突然強烈地對那些師兄、師姐生起了像是家人的感覺，而對丈夫最後一點的眷戀就這樣熄滅了，平淡地就這麼結束了，從那開始，我將他從心中完全放下。

「媽媽，妳為什麼不跟爸爸離婚？」

女兒正值小學六年級的某個傍晚，寫著作業的她突然這樣對我說，突如其來的問題讓我正在挑菜的動作不自覺地停下。我驚訝地回望，手正忙碌解題的女兒沒有朝我這邊看，她用彷彿閒聊一般的語氣，談論著沉重的問題。

「妳希望爸爸媽媽離婚嗎？」

我沒有給予肯定或否定的回應，只是有點好奇為什麼女兒會突然這麼說。

「我只是覺得，有沒有爸爸好像沒有差。我還記得上次他帶弟弟出去玩的時候，也是為了要跟別人約會。」

提起另外一件事情的女兒，那平淡的語氣幾乎令人誤以為正在談論的是她課本上看到的故事。隨著女兒的話語，我也回想起了那天。

丈夫反常地說要帶著小兒子出去玩，原本以為是他終於想起來要疼愛小孩，卻沒想到是一場以慈愛為名，行外遇之實的一次出遊。

「媽，爸爸今天帶我跟阿姨去遊樂園玩耶！」

興奮地在家裡跑來跑去的小兒子對著我大呼小叫，雖然對於丈夫外遇還帶著小孩當障眼法這件事感到不滿，我仍是耐著性子對孩子微笑。

「是喔，那你坐哪邊啊？後座嗎？」

「不是耶，爸爸叫我躲在後行李箱！他說這樣不用門票錢！」

「你說什麼！」

小兒子的話讓我難得地怒髮衝冠，只覺得這個當人父親的人真是連責任感都沒有，除了約會以外好像人生沒有其他重心。

「你平常沒有撫養小孩也就算了，讓孩子躲在後行李箱那是可能會悶死人的！你自己想想看，你身為人家爸爸，這是什麼德性！」

我憤怒地對著電話大吼，整個身體氣到發抖，握著話筒的骨節用力到泛白，只覺得自己真的不能理解他。面對難得這麼憤怒的母親，兒女們嚇得不發一語，只是躲在門的後面，從縫隙看著我，表情惶恐。那次發飆的樣子或許一直讓女兒難以忘懷，才會在今天又舊事重提。

「所以我覺得，媽媽妳應該要跟他離婚。」

女兒再度重申主張，那張仍帶有嬰兒肥的側臉被頭髮所投射的陰影給掩蓋，晦暗難明的側臉讓我看不清楚她的表情。

「我還不能離婚，」我走向前抱住女兒早已不再瘦小的身軀。「媽媽欠他的債還沒還清。」

「什麼債啊？」

被我揉亂頭髮的女兒帶著不滿的表情抬起了頭，黑色的瞳仁裡洋溢著滿滿的不悅。

「情債啊！」

我爽朗地笑著，而這個回答讓女兒噘起嘴，像是抱怨著我在敷衍。

「總有一天，如果我跟妳爸爸離婚了，那也要是他開口的時候。因為那代表，我欠他的債終於還清了。」

——而從此我與他也算得上是兩清。

我有想過，雖然我的婚姻沒有丈夫的陪伴，但我有三個貼心而可愛的子女，我看到了丈夫的不好，但其實他仍然給我了親情的羈絆。

在丈夫缺席的日子，孩子們一眨眼就長大了。與他們朝夕相處的我一開始沒意識到，尤其是當女兒與大兒子總是表現得像個小大人一樣的時候，他們的成長在我眼中更顯緩慢。

真正驚覺孩子們都大了，是小兒子高中的時候。

小兒子一向是個會打扮的人，就讀一所校風開放的學校，更讓他在打扮上毫無顧忌，他總是到理髮店去理一頭很酷的頭髮，髮色染成金黃色，看似很有型的樣子。小兒子的模樣總讓我想起自己求學時，也總是用熨斗在西裝上燙出不同的痕跡，校風嚴謹還是要力求帥氣。

這麼一想，也覺得小兒子頗有其母風範。

高中畢業典禮的前一晚，他回到家，頭上亮眼的髮型消失無蹤，突然理一個大光頭回來的小兒子讓我驚訝地張大了嘴。伸出手在他頭頂摩娑了一下，確認了這不是我在作夢，也不是兒子開玩笑地弄了特效妝。

「你幹嘛理一個光頭啊？」

「因為我要高中畢業了，現在開始我要為了自己的人生負責，所以才決定從頭髮開始表達決心。」

一向調皮的他放下書包，靦腆地一笑，那個會大哭吵鬧的孩子的形象已經在他身上遠去。最讓我操心的小兒子，也開始為自己的人生做抉擇，對自己的行為負責。

感慨襲上心頭，一時間也很難說出是開心抑或是感動更多，只是很欣慰，我親愛的孩子們真的長大了。

終於與丈夫從被擰成一股繩的樣子還原成兩條平行線的日子，是在我四十幾歲的冬天。說也奇怪，我平常很少在菜市場買菜，但那一次，剛好需要用的食材少了一些，於是我順手抓了環保袋丟進隨身的提包中，便朝市場走去。

菜市場依舊人來人往，攤販的吆喝聲、客人的殺價聲與摩托車穿梭其中的引擎聲將整條街裝飾得熱鬧滾滾。

「老闆，蘿蔔怎麼賣啊？」

我惦了惦手上白蘿蔔的重量，一邊順口問道，腦內想著等等可以製作醃漬蘿蔔，再拿一條來煮湯。

「一斤二十元，」蔬果攤的老闆大聲應和，「這個正當季，很甜很好吃啦！」

「好！來個一百元。」

回應著的當下，我左右張望著，想看看各攤販還有賣什麼東西，好將清單中的食材一併買起來，正當我四處觀望的時候，遠遠的，有兩個熟悉的人影朝我走來。

——是我的丈夫，和他的外遇對象。

他們兩個並肩走來，雙手緊緊地交握，丈夫甚至低下頭輕聲細語地詢問著女方的意見，那畫面看起來就像是一對感情深厚的夫妻，正在討論著晚餐要煮些什麼食物。

看著那個場景，那一刻佔據我腦袋的不是以往會感到的生氣或是不解，我甚至還可以想著要買多少鹽與豆豉好製作漬蘿蔔。

我的心中如此的平靜，淡定得就像是看到與我毫無關聯的路人迎面走來。那瞬間，我突然意識到，原來我的心裡面早已經對他沒有任何執著、任何痛苦，他於我而言，就是即使擦身而過也不會留下任何印象的人。

——原來，我真的放下了。

丈夫抬起頭的那刻，恰好與我四目相接，他的臉閃過驚慌、錯愕，一副沒預料會看到我的模樣。他驚愕地停下向我走來的腳步，連帶讓女方不解地跟著停下，然後，兩個人都帶著慌張的表情看著我，進退不得。

我對他們露出笑容，將買好的菜塞進環保袋中之後，朝他們走去。

「好久不見。」

對結婚十七年的丈夫，說出這句話還是有些奇怪的，正因為是事實，更顯得這段婚姻的荒謬。

我看著他們緊閉著雙唇，一句話都說不出口的樣子，輕輕地嘆息了一聲，然後認真地對著他們說：「有什麼話不能說的？你回家一趟，我聽你說。」

不再看他們有什麼反應，我將環保袋換邊背，與他們擦身而過，朝更前方的攤販前進。

「我們離婚吧。」

事隔半年才進家門的丈夫輕飄飄地拋來了一句話，方正的一張紙，他早已簽好名蓋好章，終於找好了時機拿出來。

我鬆了一口氣。

我等這句話等了好久好久，從他最早出軌的憤怒與不解，等到了我能保有釋然的心情。這些年，我想了很多，也做了很多，更放下了很多，等著等著，互相糾葛的日子終於到了盡頭。

我好開心。

「好，我只有一個要求，我要三個孩子。」

房子、車子、贍養費乃至於其他的物品，對我而言都是身外之物，沒什麼好牽掛的，只是孩子們我不能給他。

這麼多年，從小小的孩子被拉拔到現在懂事的模樣，我費了許多心力，辛苦是辛苦，卻都是甜蜜的負荷，我不會因為離婚就對他們置身事外。

「房子是掛妳的名字，就給妳吧，」丈夫坐在沙發上揉著手，一副侷促不安的模樣，看他的動作，我知道他還有話沒說完，「小孩的話，可以給妳養，但是監護權可以掛在我這邊嗎？」

「什麼？」我不能理解丈夫的想法，明明沒有照顧孩子的意願，為什麼還要跟我要孩子的監護權？

「就是……有孩子的監護權我比較好報所得稅。」

我啞口無言了半天，忍不住嘆了口氣，不論什麼時候，面前的這個男人從沒有想過履行一個丈夫、父親的義務，從沒有想過關心小孩，自始自終，想到的只有自己。如果是以前的我，一定會立刻發怒，說不定還會直接朝他衝過去，拚個你死我活。現在，我只是深深吸了幾口氣，將迸發的怒意壓下來。

「可以，但是如果你有對孩子造成任何不好的影響，你必須答應把監護權還給我。」

結婚之後，用最青春的歲月為代價，才能堪堪支持婚姻生活，而離婚是這麼簡單，拿起筆，白紙黑字寫得明白，再去戶政事務所登記，一切就結束了。

離婚的那幾天，我心情好到大家說從外表就看得出來。

「妳今天怎麼啦？笑到牙齦都看得到啦。」一起讀書會上課的師姐瞥了我一眼，一臉疑惑。

「唉，師姐妳不知道，我真的太高興了。昨天甚至開心到睡不著！」

「發生了什麼好事嗎？」

我停下了收拾東西的動作，定定地看向她。

「我離婚了。」

「啊？妳瘋啦？這是什麼值得開心的事情嘛！」

「是啊，因為我覺得我又跳過一層了。」看著師姐疑惑的表情我大笑出聲，爽朗的笑聲在教室迴響，引得旁人都忍不住往我們看來，似乎被我感染似地，師姐也跟著忍不住笑出來。
我很高興，原來我可以這樣笑談這一切。

「晚安，祝你有個好夢。」
我依序擁抱三個孩子，這是我們家不變的一個行程——晚上睡覺前跟我擁抱，互道晚安。這是我們互相表達愛意的方法，讓深藏內心的愛能夠表露，而心的距離更加緊密。
與丈夫離婚後，我與孩子們的生活並沒有多大的改變。依舊是四個人的生活，只是少了對依舊在外的父親的牽絆，孩子們看來也更加開懷，像是卸下了那些擔憂母親以及煩惱父親的重擔，笑容更加明媚。
「媽媽，母親節快樂。」
有一年，大兒子拿了一大束康乃馨回來，抽了其中一朵給我，粉紅的色澤在被冠上母愛之名的節日中顯得更加豔麗。

「你怎麼有錢買這麼大一束康乃馨啊？而且還只給我其中一朵？」

我知道兒子一向不搶不騙，但也想不到他去哪兒弄來這麼多的花朵。

「我一直把妳給我的零用錢存起來啊！」

兒子眉飛色舞地揮舞著雙手，將他怎麼把錢一點一滴存下來，怎麼打開存錢筒將那些零錢給拿出來的過程講解得清楚。

「媽，我想要把剩下的康乃馨送給讀經班的媽媽們。」

「讀經班的媽嗎？」

「對啊，因為母親節是每個母親的節日嘛！」

大兒子的笑容被紅色與粉色的康乃馨染上了一層光芒，我蹲下來抱著他，內心滿滿的感動。

本來能被我完全抱在懷中的孩子，長大到我已經無法一手抱起，但真正讓我感受至深的，或許是兒子內心那超乎預期的成熟。

「你們一定要感謝你爸爸。」

我總是這麼對我的兒女這麼說，如果沒有他曾給予我們的一切考驗，我們不會過著如此圓滿的生活。

聽著我的話，女兒說，我改變了很多，不再悲傷，也沒有怨嘆，每天總是開開心心的。對於她的評論，我笑著點頭，並且堅定不已的相信，我會朝更好的方向，持續改變。

回首過去，那些痛苦和悲傷都成為我成長的養分，所有覺得會過不去的關，都是我展翅高飛的契機，因為我會完成對自己的超越。可怕的從來都不是困境，而是對困境的看法，現在我終於理解到何謂真正的喜悅！

國家圖書館出版品預行編目(CIP)資料

願我如花，綻放於你心 / 福智文化編輯室作.
－初版.－臺北市：福智文化，2019.06
面；　公分. －（亮點；2）
ISBN 978-986-97215-3-0（平裝）

1.生命教育　2.通俗作品

528.59　　108007480

《願我如花，綻放於你心》

亮點 002

作　　者　福智文化編輯室
責任編輯　廖育欣、蔡毓芳
文字協力　丁瑞愉、林宜亭、鄭宇軒、蕭育婷
校　　對　黃真美、黃杏娥
封面、內頁設計　賀四英
排　　版　華漢電腦排版有限公司
印　　刷　科樂印刷事業股份有限公司

出 版 者　福智文化股份有限公司
地　　址　10555台北市八德路三段212號9樓
電　　話　(02) 2577-0637
福智文化官方網站　https://www.bwpublish.com/
客服Email　serve@bwpublish.com
總 經 銷　時報文化出版企業股份有限公司
地　　址　33343桃園市龜山區萬壽路二段351號
電　　話　(02)23066600 轉 2111
出版日期　2019年6月　初版一刷
定　　價　新台幣 300 元
I S B N　978-986-97215-3-0